N
W
E
S

VOIR L'HISTOIRE

Corsaires et pirates

BRIGITTE COPPIN

BBC

FLEURUS

www.editionsfleurus.com

Texte : Brigitte Coppin
Direction éditoriale : Christophe Savouré
Direction du développement : Nicolas Ragonneau
Édition : Danielle Védrinelle
Direction de création : Laurent Quellet
Direction artistique : Armelle Riva et Isabelle Mayer
Fabrication : Thierry Dubus et Florence Bellot

Film : *Barbe Noire le pirate*
Réalisation : Tilman Remme et Richard Dale
Auteur : Andrew Bampfield

Prémastering : DVD Maker

Adaptation graphique et réalisation : François Egret pour Amulette
Contribution rédactionnelle : Sylvie Allouche, Sara Hondet
Conception graphique de la collection : Studio Bosson

Merci à Claire Farris pour son aide précieuse et efficace.

Dépôt légal : octobre 2007
ISBN : 978 2 215 05458.0
N° d'édition : 93953
1re édition

Photogravure : IGS Charente Photogravure
Achevé d'imprimer sur les presses de l'imprimerie Proost, Belgique.
Loi n° 49-956 du 16 juillet 1949 sur les publications destinées à la jeunesse.

Petit mode d'emploi...

Des **encadrés** proposent un éclairage particulier sur un thème précis.

Un **texte introductif** ouvre la double page sur le thème abordé.

Des **photos** et des **dessins** illustrent la vie des pirates.

Des **légendes** permettent de replacer les documents dans leur contexte.

Une **frise chronologique** déroulée sur l'ensemble du livre, présente les événements qui ont marqué le monde.

Les photos portant le logo DVD sont extraites du DVD *Barbe Noire le pirate*.

L'astérisque (*) signale les mots expliqués dans le **lexique** à leur première apparition sur une double page.

Les **pictogrammes** de la frise chronologique aident à identifier la nature de l'information :

- *Politique*
- *Sciences et techniques*
- *Affaires militaires*
- *Personnage célèbre*
- *Économie et commerce*
- *Architecture et urbanisme*
- *Géographie et exploration*
- *Malheurs et désastres*
- *Religion*
- *Culture*

Sommaire

Qui sont-ils ?

D'un geste rapide, il s'enveloppe la tête d'un foulard, mince protection contre les éclats de bois provoqués par les boulets de canon qui fracassent la coque. Un instant plus tard, le voici dans la mâture. Agile comme un singe, le couteau entre les dents, il est le premier à sauter sur le pont ennemi. Sa rage de combattre est sans égale, car un trésor mirobolant l'attend dans les cales du navire adverse.

Alors qu'ils viennent de subir une attaque, ces pirates continuent à défier un navire ennemi.

Leçons d'Histoire

Quelles belles images, pleines de suspense et d'aventure ! Mais sont-elles vraies ? La réalité historique qui se dégage des archives, des témoignages, des mémoires rédigées par les hommes eux-mêmes, est souvent moins glorieuse mais tout aussi fascinante. Car la mer, depuis les temps les plus lointains, appartient aux audacieux. Pirates et corsaires ont en commun le goût de l'or et du combat, et leurs actions sont liées aux grandes étapes de l'Histoire : les guerres, l'époque des Grandes Découvertes, l'expansion du commerce international. Voici donc l'épopée de ces aventuriers de la mer.

Les pirates

Les pirates – mot issu du grec *peiratês* qui signifie "ceux qui tentent" – sont des bandits, des hommes qui risquent tout. Ils cherchent la richesse et n'obéissent qu'à une seule loi : celle du plus fort. Ils attaquent tout ce qui passe à leur portée, sans aucune légalité, quelle que soit leur victime. Ils agissent dans des régions du monde à des périodes charnières où le droit est mal défini, mais ne résistent pas à la mise en place d'une administration et d'une police efficaces.

Les corsaires

Ils commandent des navires appartenant à des entrepreneurs privés qui viennent renforcer la flotte de guerre de leur pays. Lorsqu'un conflit est déclaré, il leur est permis de chasser l'ennemi et ses alliés. Le corsaire est donc un pirate légal qui choisit ses victimes en fonction des intérêts de sa nation. Il reçoit pour cela une autorisation royale, appelée lettre de marque, qui se trouvait matérialisée au Moyen Âge par une marque sur la coque des navires. Le mot est issu de l'italien *corsare,* qui signifie course à l'ennemi ; il est peu utilisé aux XVIe et XVIIe siècles. À cette époque, les corsaires sont plutôt appelés *capres*, un nom d'origine hollandaise.

– 1000
Les Phéniciens sont les maîtres de la Méditerranée. Ils fondent des ports de la Libye à l'Espagne et établissent un commerce sur la base du troc. Leurs cargaisons se composent d'esclaves, de verrerie, de cuivre, de bois, de lin ou d'encens.

– 800
Fondation de Carthage en Afrique du Nord (à côté de l'actuelle Tunis). Au IVe siècle, la ville devient la cité la plus puissante de Méditerranée occidentale, possédant des comptoirs en Sicile, en Sardaigne et en Espagne.

Les flibustiers

Pirates bien sûr ? Eh bien non, ou du moins pas toujours ! Entre 1500 et 1700, ils sont les alliés de leur pays contre les Espagnols. "Flibustier" vient du hollandais *vreebooter* qui signifie libre butineur, et existe dès le XVIe siècle. Les premiers sont français, souvent protestants, puis anglais et hollandais. Ils sont les maîtres de la mer aux Caraïbes et ont des lettres de marque délivrées par les gouverneurs des îles. Lorsque la loi interdit la flibuste, ils partent pour l'océan Indien.

Et les forbans ?

Comme le bandit, il est exclu du ban, un mot qui signifie "la justice et l'autorité" au Moyen Âge. C'est un hors-la-loi, souvent synonyme de pirate.

LE DROIT DE REPRÉSAILLES

Un navire attaqué a le droit de se défendre et de capturer son adversaire en retour. S'il est pris et dévalisé, la légitime défense lui permet de reprendre l'équivalent de sa cargaison sur les navires appartenant au pays de son agresseur. Il doit pour cela posséder une autorisation royale appelée "lettre de représailles". Ainsi, en 1579, le marchand Jehan Aubry reçoit une lettre de représailles l'autorisant « à prendre sur la nation des Portugais jusqu'à la somme de 40 000 livres tournois ». Il engage alors un capitaine qui récupère cet argent pour lui.

vers – 800
Homère compose l'Iliade et l'Odyssée, deux poèmes qui mettent en scène les rois des cités grecques attaquant la ville de Troie, puis le long voyage d'Ulysse sur la mer Méditerranée jusqu'à l'île d'Ithaque, sa patrie.

vers – 650
Composée de plusieurs villages de bergers, Rome devient peu à peu une ville de pierre, protégée d'un rempart et munie d'un pont sur le Tibre. Les rois étrusques y règnent jusqu'en 509 av. J.-C.

Les premiers pirates

Sur une des plages de l'île d'Ikaria, au bord de la mer Égée, le dieu grec Dionysos dormait profondément. Malgré ses pouvoirs divins, il n'entendit pas le groupe de pirates qui s'approchait sans bruit. En un tour de main, il se retrouva ligoté sur le pont d'un bateau qui reprit aussitôt le large.

Les pirates, tout heureux de cette belle prise qu'ils allaient vendre fort cher, ramaient avec vigueur. Pourtant, leurs visages ne tardèrent pas à se figer d'effroi lorsque le prisonnier se métamorphosa en lion, tandis que des tiges de vigne et de lierre paralysaient lentement le navire. Terrorisés, ils se jetèrent à la mer où ils furent immédiatement transformés en d'inoffensifs dauphins.

Depuis les temps les plus lointains

Telle fut la riposte de Dionysos à l'attaque des pirates ! La mythologie grecque est remplie de semblables aventures, et ses héros sont souvent d'audacieux marins en quête de richesses. On voit par exemple Jason armer un navire pour dérober la toison d'or, et le grand Ulysse lui-même, au cours de son odyssée, débarquer sur des rivages inconnus afin de rapporter chez lui un glorieux butin.

L'histoire de la conquête de la Toison d'or, connue des Grecs vers le IIIe siècle av. J.-C., raconte comment Jason arma la nef Argo pour aller jusqu'aux rives orientales de la mer Noire s'emparer d'une fabuleuse toison de bélier couverte d'or et la rapporter au roi Pélias.

Si les pirates sont présents dans la littérature, c'est qu'ils l'étaient aussi dans la réalité. Tous les écrivains de l'Antiquité grecque le confirment : ceux qui prenaient la mer en ces temps lointains étaient des aventuriers, à la fois marchands et pirates. Commettre des actes de piraterie n'avait alors rien de déshonorant.

Des cargaisons d'esclaves

On a toutes les raisons de supposer que les pirates existent depuis que les hommes vont sur la mer, environ 5 000 ans av. J.-C. Les Phéniciens, de redoutables marins à la fois pirates et commerçants comme les autres, avaient inventé une ruse fort efficace : arrivant dans un port, ils appâtaient les clients en vantant les objets précieux qu'ils avaient à bord. Les riches notables, les dames à bijoux accouraient. Une fois tout ce beau monde embarqué, il suffisait de lever l'ancre et le bateau partait avec sa cargaison de prisonniers. En effet, les premiers pirates étaient surtout à la recherche d'esclaves, qu'ils revendaient dans des marchés spécialisés. Le plus célèbre se trouvait sur l'île de Délos (entre la Grèce et l'actuelle Turquie). Au VIe siècle av. J.-C., le chef pirate Polycrate venait y porter des cadeaux aux dieux pour les remercier de sa fortune. Immensément riche, il possédait plus de cent bateaux et une cité splendide sur l'île voisine de Samos.

– 540
Les Étrusques, installés du nord de l'Italie jusqu'à la ville de Rome, s'allient avec Carthage contre les cités grecques. Une terrible bataille navale donne la victoire aux Grecs.

– 509
Les habitants de Rome instaurent une République. La ville est dirigée par un Sénat élu, assemblée où siègent les membres des grandes familles. La république de Rome possède une armée et étend sa domination sur la terre comme sur la mer.

La Méditerranée vers le IVe siècle avant notre ère.

QUELLE GALÈRE !

La birème ou liburne, cette galère à deux rangs de rameurs, est le navire pirate type. Les marins utilisent la voile pour les trajets, la rame pour les manœuvres. La voile est constituée de panneaux de lin cousus ensemble. L'éperon de bronze transperce les coques ennemies et sert de passerelle d'abordage aux assaillants. À cause des rames, l'abordage de deux galères est difficile. Dès 260 av. J.-C., on invente le corbeau, plate-forme d'abordage située à la proue, assez large pour laisser passer deux hommes de front, que l'on manœuvre au moyen de poulies comme un pont-levis. Il est muni de crocs d'acier qui s'accrochent au pont ennemi. Les rameurs ne sont pas des esclaves mais des hommes libres, ici les pirates eux-mêmes. Les pilotes n'ont ni carte ni boussole ni moyen de mesurer la distance parcourue, mais une excellente connaissance des astres.

Des navires rapides

Dès l'époque égyptienne, les navires de la Méditerranée possèdent des rames, une voile et un éperon situé à la proue pour embrocher les bateaux ennemis. Les pirates grecs, privilégiant la vitesse et la rapidité de manœuvre, naviguent sur des galères longues et fines, équipées de deux rangs de rameurs. Au nombre d'une centaine, les hommes rament eux-mêmes et, au moment de l'abordage, délaissent les avirons pour saisir leurs coutelas et javelines. Ces galères, le plus souvent non pontées, ne sont pas conçues pour les longs voyages et font escale tous les soirs. Nul besoin de port : il suffit de les tirer sur une plage ou de les cacher au fond d'une crique, d'où elles surgiront le lendemain pour se jeter sur leurs proies.

vers – 500
Le Ve siècle marque le plein épanouissement des cités grecques. Les plus prestigieuses sont Athènes, Sparte, Thèbes et Corinthe. Chacune possède des territoires agricoles et un port où arrivent toutes sortes de marchandises, en particulier le blé.

– 336
Alexandre le Grand (356-323 av. J.-C.) devient roi de Grèce. Il conquiert un immense empire qui s'étend jusqu'aux frontières de l'Inde. À sa mort, en 323 avant notre ère, son empire est aussitôt morcelé.

Rome contre les pirates

Le jeune Jules César se rendait à Rhodes lorsque, devant l'île de Pharmacuse, son navire fut arrêté par des pirates. Voyant que leur prisonnier était d'une famille riche et influente, ceux-ci exigèrent une rançon de 50 talents (un talent valait environ 26 kilos d'argent). César resta plus d'un mois aux mains de ses ravisseurs, le temps pour ses compagnons de rassembler l'énorme somme. Une fois l'argent versé, il fut déposé sur le rivage. Là, il s'empressa d'armer une flotte, rattrapa les pirates et leur fit subir le supplice de la mort sur la croix réservé aux bandits de la pire espèce.

Les bateaux de commerce portent jusqu'à 10 000 amphores. Avec toutes ces marchandises, c'est la richesse assurée pour les pirates.

Rome affamée

Cet épisode de la vie de César, raconté par l'écrivain romain Suétone, nous apprend que, vers 80 av. J.-C., les voyages en mer sont pleins de dangers et qu'il est grand temps de réprimer la piraterie. Pendant les siècles précédents, Rome a anéanti les flottes de guerre des cités grecques afin d'établir son autorité en Méditerranée. Aussi, n'y a-t-il plus de bateaux pour faire la police sur la mer et les pirates grecs pullulent, perturbant gravement le ravitaillement de l'énorme cité. Le blé d'Égypte ou de Sicile, l'huile d'olive d'Afrique du Nord et bien d'autres denrées manquent régulièrement car les bateaux sont interceptés en route. Dans la ville, les prix augmentent, le peuple gronde et la famine n'est pas loin.

À l'époque des invasions, l'Empire romain d'Orient, avec Byzance pour capitale, résiste aux pirates barbares. Les empereurs byzantins lancent de nouveaux navires, les dromons, galères rapides portant 100 à 200 rameurs et 50 soldats. Ces bateaux sont équipés de catapultes et de lance-flammes alimentés par le feu grégeois.

de – 264 à – 146
Les guerres puniques opposent Rome et Carthage. La première a lieu en Sicile. Lors de la deuxième, le général Hannibal franchit les Alpes avec son armée. La troisième s'achève par la destruction de Carthage et laisse Rome dominer la Méditerranée occidentale.

– 230
La reine Teuta d'Illyrie dirige les flottes de pirates qui infestent l'Adriatique. Elle va jusqu'à faire assassiner les ambassadeurs romains. Il faut envoyer contre elle les légions. Leur victoire donnera à Rome le contrôle de la Méditerranée orientale.

De puissantes organisations

Les pirates rançonnent les hauts personnages comme César, ou Sextilius et Bellinus, deux magistrats romains qu'ils traitent comme leurs esclaves. L'écrivain Plutarque mentionne 400 villes soumises à leur tyrannie. Il décrit avec indignation le luxe de leurs bateaux ornés de tapis rouges, les proues dorées à l'or et les rames argentées. Strabon, autre témoin de cette époque, parle de brigands qui s'emparent des bateaux sur le Nil, de hordes de pirates qui sèment la terreur en Cilicie ou en mer Noire. Et ces bandits sont insaisissables ! Très bien organisés, ils ont des arsenaux, des ports bien gardés et des tours d'observation. Ils sont aussi protégés par les propriétaires des grands domaines agricoles, auxquels ils fournissent des cargaisons d'esclaves.

Sextus Pompée, fils du général Pompée lui-même, possède Syracuse et Marsala (Sicile) où il dirige une organisation de redoutables pirates. Rome lui laisse la possession de la Sicile en échange du blé qu'il envoie pour nourrir la cité, puis réussit à le vaincre et l'exécute en 35 av. J.-C.

La lutte commence

En 67 av. J.-C., Rome offre au général Pompée (106-48 av. J.-C.) le commandement suprême afin qu'il libère la Méditerranée des pirates. Pompée équipe alors 500 galères, rassemble 120 000 hommes et 5 000 chevaux. Il divise la mer Méditerranée en treize régions et donne à chacune une escadre, prête à agir au moment voulu. Partout, dans les ports et les îles, les forces romaines frappent en même temps, détruisant les villages de pirates, brûlant leurs arsenaux et leurs navires.

Trois siècles de paix romaine

En quelques mois, sans grande bataille navale spectaculaire, la plupart des organisations de pirates sont anéanties. L'horizon paraît moins sombre, le commerce peut reprendre. La *pax romana*, la paix romaine, s'installe sur la Méditerranée pour quatre cents ans. Puis, au IVe siècle de notre ère, lorsque l'Empire romain s'affaiblit, les Barbares, les Goths et les Vandales, prennent d'assaut les rives de la Méditerranée occidentale. Dans le bouleversement des grandes invasions, la piraterie renaît.

MALHEUR AUX PRISONNIERS ROMAINS

Au moment de la capture, « lorsqu'un prisonnier s'écriait qu'il était romain, les pirates feignaient d'être saisis de crainte ; ils se jetaient à ses genoux et le priaient de leur pardonner. Leur humilité faisait d'abord croire au prisonnier qu'ils agissaient de bonne foi [...] Après s'être ainsi longtemps joués de lui et avoir joui de son erreur, ils finissaient par descendre une échelle au milieu de la mer, lui ordonnaient de s'en retourner paisiblement chez lui ; s'il refusait de le faire, ils le précipitaient eux-mêmes dans les flots et le noyaient. »

Plutarque, Vie de Pompée

Le feu grégeois est une invention des Byzantins qui date de 670. Le mélange très inflammable de salpêtre, de soufre, de naphte et de bitume brûle même au contact de l'eau, produisant une explosion et une fumée épaisse.

– 102
Naissance de Jules César. À 44 ans, il reçoit le commandement des armées romaines du nord. De 58 à 51 av. J.-C., il conquiert la Gaule, ce qui le rend très populaire à Rome et lui permet d'écraser son rival, le général Pompée. César est pourtant assassiné en – 44.

de 98 à 117
Sous le règne de l'empereur Trajan, l'Empire romain est à son apogée : il s'étend de l'Espagne jusqu'à l'Irak actuel, de l'Écosse jusqu'à l'Afrique. La ville de Rome elle-même compte plus d'un million d'habitants.

Surgis des brumes du Nord

Qui est vraiment celui que l'on nomme Eustache le Moine ? Un religieux, un partisan du Diable, ou encore un magicien qui disparaît dans la brume lorsque l'ennemi s'apprête à le saisir ? En réalité, cette figure de légende est l'un des premiers corsaires européens. Une lettre de 1206, signée par le roi d'Angleterre et conservée jusqu'à nos jours, autorise Eustache à mener sur la mer des actions contre les ennemis de son souverain.

Seigneur, moine et corsaire

Eustache le Moine (vers 1170-1217) a vraiment passé sa jeunesse dans une abbaye. Fils d'un seigneur de Picardie, il prend la mer et les armes lorsque le comte de Boulogne, dont il dépend, le chasse injustement de ses terres. Le voici au service du roi d'Angleterre Jean Sans Terre, qui lui confie la défense de cinq ports stratégiques sur la Manche : Hastings, Douvres, Sandwich, Romney et Hythe. Il installe son repaire sur l'île de Sercq. De là, prenant la tête de ses 17 navires, il ravage Guernesey et Jersey, attaque Dieppe et Fécamp, pille les rives de la Seine... et s'esquive habilement devant la flotte française qui le guette à l'embouchure. « Le diable est avec lui ! » chuchotent les Français qui le surnomment déjà "l'archipirate".

La naissance d'une légende

Eustache change bientôt de camp et s'allie au roi de France Philippe Auguste. Désormais, ce sont les navires anglais qu'il prend en chasse. En 1216, Louis, fils de Philippe Auguste, veut conquérir l'Angleterre et demande à Eustache d'encadrer l'expédition. 800 navires, 1 200 chevaliers avec chevaux et équipement débarquent sans encombre sur le sol anglais ! Eustache est acclamé, mais sa gloire est de courte durée car les Anglais, qui le cherchent avec hargne, réussissent à encercler son navire. Malgré les 30 chevaliers de son bord qui se battent comme des lions, Eustache est capturé. Il propose alors une forte rançon. On le décapite en guise de réponse, et sa tête est exposée dans la ville de Canterbury. Aussitôt, la légende s'empare de lui au point que paraît, dès 1233, un poème français de 2 300 vers qui immortalise ses exploits !

Les pirates du Moyen Âge ont des arcs, des arbalètes et des épées. Eustache le Moine fait construire une énorme nef, véritable forteresse sur l'eau. Depuis ses hauts bords, il jette des pierres et de la poix enflammée. Des faucilles sont prêtes à couper les haubans du navire ennemi.

395
L'Empire romain se scinde en deux : l'Empire d'Orient (ou byzantin) avec Constantinople pour capitale et celui d'Occident centré autour de Rome. Ce dernier, envahi par les Barbares, s'écroule en 476 mais l'Empire d'Orient subsistera jusqu'en 1453.

496
Clovis (466-511), chef de la tribu barbare des Francs, se fait baptiser le jour de Noël à Reims. Désormais, il a l'appui des évêques (les chefs religieux des cités) et conquiert la Gaule. Il fonde une nouvelle dynastie : les Mérovingiens.

Les ports de la Manche, de la mer du Nord et de la mer Baltique.

Unis comme des frères

Au XIIIe siècle, les ports de la mer du Nord et de la Baltique (Hambourg, Brême, Rostock...) fondent une organisation appelée la Hanse, qui facilite et développe le commerce maritime. Un siècle plus tard, la Hanse se trouve confrontée à une association de pirates, les *Vitalienbrüder* (ou Frères du ravitaillement) qui se regroupent en 1391 pour approvisionner la ville de Stockholm assiégée par les Danois. Après cette action d'éclat, les *Vitalienbrüder*, basés sur l'île de Gotland, restent unis pour dévaliser les navires de Venise et de Gènes chargés de riches produits orientaux, ou les bateaux de la Hanse qui transportent du blé, du vin, du miel et des fourrures de Russie.

Klaus Störtebeker (1370-1400) était un colosse. Son surnom vient de beker *qui signifie gobelet en allemand, car on raconte qu'il engloutissait d'un trait le contenu d'énormes chopes de bière. Ce pirate fut surnommé le "Robin des Bois des mers" car il partageait ses richesses avec les plus pauvres. Comme les flibustiers du XVIIe siècle, les* Vitalienbrüder *avaient pour règle de se répartir équitablement le butin.*

La mort des géants

Ces pirates ont pour chef un géant, Klaus Störtebeker, et son bras droit, Michel Godeke. Leurs attaques ruinent le commerce de la Suède ; la ville allemande de Hambourg risque la faillite. Leur flotte redoutable peut aussi être un formidable appui, et certains ports de la Baltique font parfois alliance avec eux. Cependant, à partir de 1397, les villes de la Hanse s'unissent pour engager la lutte et demandent le renfort des chevaliers teutoniques, un ordre puissant de moines soldats. La ligue des *Vitalienbrüder* est brisée. Störtebeker est décapité à Hambourg en 1400. Michel Godeke subit le même sort deux ans plus tard.

ET LES VIKINGS ?

Du VIIe au XIe siècle, les marins les plus audacieux d'Europe sont les Vikings. Si certains deviennent vers 800 des pillards ou des guerriers à la recherche de nouvelles terres, ils restent avant tout des marchands, vendant des fourrures, de l'ambre et des esclaves qu'ils acheminent depuis la Scandinavie jusqu'à Byzance.

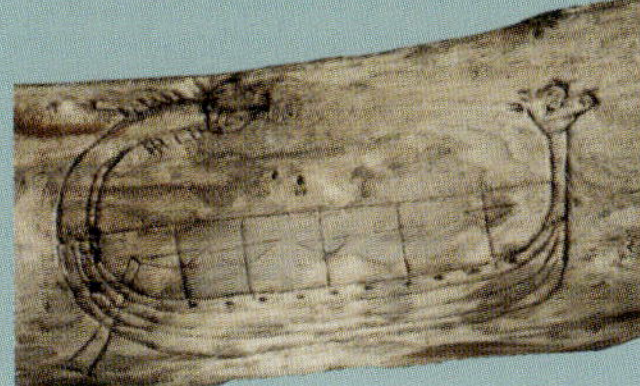

622
Mahomet institue la religion musulmane en Arabie. Après sa mort en 632, les Arabes cherchent à propager l'Islam, et se lancent à la conquête de territoires sur le pourtour méditerranéen.

711
Après la conquête de l'Espagne, où ils établissent une brillante civilisation qui durera jusqu'en 1492, les musulmans envahissent le sud de la France. Ils seront repoussés jusqu'aux Pyrénées en 732.

Fureur et fortune : Bretons, Normands, Anglais...

À la fin du Moyen Âge, d'immenses fortunes naissent du commerce et les marchandises qui voyagent sur la mer font des envieux. En même temps, les rivalités grandissent entre les pays européens, en particulier entre la France et l'Angleterre qui entrent dans la guerre de Cent Ans. Comme les pays ennemis ne disposent pas d'une marine militaire, des centaines d'armateurs privés construisent des navires qu'ils arment pour la course. Et les audacieux capitaines ne se comptent plus...

Vengeance !

L'Angleterre et la France se disputent la Bretagne, qui s'allie tantôt à l'une tantôt à l'autre. En 1343, Jeanne de Belleville, mariée au seigneur breton Olivier de Clisson, reçoit à Nantes la tête de son mari, que le roi de France vient de faire décapiter pour trahison. Elle réclame alors trois vaisseaux au roi d'Angleterre et se lance sur la mer. Maniant le sabre et la hache d'abordage, elle attaque sans répit les navires français, ce qui lui vaut le surnom de "tigresse bretonne". Pourchassée à son tour, sauvée de justesse, elle achèvera sa vie en 1359 en Angleterre.

Les pilleurs d'épaves

Selon le droit féodal, au Moyen Âge, la plupart des seigneurs disposent du droit de bris : c'est à eux que reviennent les épaves des navires naufragés sur les rivages de leurs terres. Ce droit, qui leur permet de revendre les cargaisons, est une source de grand profit. Certains ont même favorisé un naufrage de temps à autre…

Corsaire et mystérieux explorateur

Depuis son jeune âge, le breton Jean Coëtanlem (v. 1455-1492) a décidé de « servir en guerre sur la mer ». Le voici en 1475 à la tête de six petits navires – la *Cuiller*, le *Griffon*, le *Picard*, le *Singe*, la *Figue* et la *Barque de Morlaix* –, qui fouillent les eaux anglaises. Parfois, il part longtemps et rapporte d'étranges butins. À Morlaix, on l'acclame ; en face, à Bristol, sur les côtes anglaises, on le hait. En 1484, sa réputation atteint le Portugal où il est accueilli comme un prince. Dans les tavernes de Lisbonne, ses marins parlent des terres neuves qu'ils ont vues là-bas, de l'autre côté de l'océan… Jean Coëtanlem aurait-il découvert l'Amérique avant Christophe Colomb ?

786
Les Vikings, hardis navigateurs venus de Scandinavie, commencent leurs razzias le long des côtes européennes : d'abord l'Irlande et l'Angleterre, puis la Loire en 842, et enfin la Seine en 857. À la recherche d'or, ils s'attaquent aux villes et aux monastères.

786
Harun al-Rachid, le calife de Bagdad au palais à la splendeur inégalée, gouverne un Empire qui s'étend de l'Inde à l'Espagne. Ses envoyés sont reçus à la cour de Charlemagne et ses marchands sillonnent les mers du globe pour vendre les précieux produits orientaux.

La flotte de Jean Ango

Cet armateur normand, qui possède non loin de Dieppe un château digne d'un roi, n'est ni pirate ni corsaire : ses marins le sont pour lui. Jean Ango (1480-1551) est si puissant que le roi François Ier déclare aux ambassadeurs portugais venus se plaindre des abus commis par les capitaines normands : « Ce n'est pas moi qui vous fais la guerre, c'est Jean Ango ! Alors, arrangez-vous avec lui. »

Incorrigible Lady !

Depuis la guerre de Cent Ans, les ports du sud de l'Angleterre sont des nids de pirates. En 1582, Lady Killigrew elle-même, épouse du vice-amiral de Cornouailles et suivante de la reine, ne peut résister à la tentation lorsqu'un navire de la Hanse cherche refuge au pied de son château. Elle fait massacrer l'équipage et s'empare de la cargaison. Reconnue coupable de piraterie, elle risque la mort, mais elle est aussitôt graciée par la reine.

Les Gueux de mer

Ainsi se nomment, au XVIe siècle, les marins protestants des provinces de Hollande qui ne supportent plus d'appartenir au très catholique roi d'Espagne et voudraient leur indépendance. La guerre fait rage et la prise de tout navire espagnol est une victoire. Le port français de La Rochelle, habité par de nombreux protestants, devient la base des Gueux de mer sur l'Atlantique.

800
Charlemagne (742-814) est couronné empereur d'Occident par le pape à Rome. Depuis le début de son règne en 768, il a mené 31 expéditions militaires grâce auxquelles il étend sa domination sur l'ensemble de l'Europe.

843
Depuis la mort de Charlemagne, ses successeurs se disputent l'Empire. En août, ils le divisent en trois parties par le traité dit de Verdun : l'Allemagne à l'est ; la Francie (futur royaume de France) à l'ouest ; et la Lotharingie au centre, englobant l'Italie.

La mort de la Cordelière

Avec ses 16 canons, ses 14 bombardes lançant des pierres, ses 100 arquebusiers et canonniers, la Cordelière a de quoi impressionner l'ennemi. La reine de France, Anne de Bretagne, a offert 22 500 livres pour sa construction, qui sera achevée en 1498, et elle aime ce bateau plus que tout autre. En 1506, elle lui donne pour capitaine Hervé de Portzmoguer, un excellent corsaire, pirate à ses heures...

De la Bretagne à l'Espagne, Hervé de Portzmoguer et sa *Cordelière* harcèlent les Anglais. En représailles, ceux-ci ravagent la côte au sud de Brest et brûlent son manoir au printemps 1512.

Un nouvel assaut anglais ne saurait tarder. Il a lieu le 10 août 1512, alors que 22 bateaux de la flotte bretonne sont sortis de la rade de Brest pour une parade. Les Anglais font feu sans attendre. Surpris, mal

911
Fin des raids vikings contre la France. Le chef danois Rollon signe un traité avec le roi de France et s'installe dans une vaste et riche région au nord de la Seine qui prend le nom de Normandie.

vers 1000
Les Chinois du sud-est mettent au point la jonque de haute mer, un gros navire capable de supporter les longues traversées (voir p. 66-67)*. Ils intensifient leurs liaisons maritimes avec la Malaisie, l'Inde et le Japon.*

préparés, les Bretons se replient. Seule, la *Cordelière* fait front. Sur le pont, 800 marins et 300 gentilshommes sont prêts à en découdre. Les canonniers font merveille : le *Sovereign* et le *Mary James* sont mis hors de combat. Mais il reste le *Régent*, un géant de 1 000 tonnes commandé par un prestigieux capitaine anglais. Les deux adversaires sont maintenant bord à bord et les arquebusiers bretons ne cessent de tirer. En face, l'ennemi semble faiblir.

– À l'abordage ! s'écrie Portzmoguer.

Sur les deux bateaux agrippés l'un à l'autre, commence alors un corps à corps qui va durer plusieurs heures. Le sang coule, les blessés s'écroulent. Les hommes de la *Cordelière*, manquant de renforts, s'épuisent. Que faire ? Se rendre ? Impossible !

On ne saura jamais qui a eu l'idée de mettre le feu à la poudre restant au fond des cales. En un instant, la violence de l'explosion détruit les deux navires qui se disloquent et coulent à pic ! Ainsi meurt la *Cordelière*, en même temps que son capitaine et les 1 100 personnes qu'elle portait. Côté anglais, on compte presque autant de victimes. Suite à ce désastre, l'escadre anglaise, ayant perdu ses trois meilleurs vaisseaux, renonce à attaquer la ville de Brest.

vers 1020
Les Vikings d'Islande, installés au Groenland depuis la fin du xe siècle, débarquent au Vinland (États-Unis actuels), presque 500 ans avant Christophe Colomb. Ils n'y séjourneront que quelques mois.

1066
Le duc Guillaume de Normandie (1027-1087) traverse la mer avec une immense flotte et conquiert le royaume d'Angleterre. Il est désormais plus puissant que le roi de France, dont il reste pourtant le vassal.

Corsaires chrétiens et musulmans en Méditerranée

En septembre 1575, Miguel de Cervantès, futur auteur de *Don Quichotte*, regagne l'Espagne après avoir guerroyé en Méditerranée. Au large de Barcelone, son navire est attaqué par des barbaresques, des corsaires musulmans. Cervantès se retrouve prisonnier à Alger. Malgré quatre tentatives, il ne parvient pas à s'évader et ne reverra l'Espagne qu'en 1580, une fois sa rançon payée.

Abordage d'un navire de haut-bord par des pirates barbaresques.

À l'Est, freiner l'avance des Turcs

Cette terrible mésaventure vécue par Miguel de Cervantès n'a rien d'extraordinaire dans la Méditerranée du XVIe siècle, où s'affrontent chrétiens et musulmans. Depuis 1453, avec leur conquête de Constantinople et de la Turquie, les Turcs Ottomans ne cessent d'agrandir leur territoire. En 1517, ils prennent Alep, Damas et Jérusalem ; en 1522, ils annexent Rhodes où des moines chevaliers s'étaient établis depuis les croisades. Réfugiés à Malte, ceux-ci poursuivent leur lutte contre l'Islam. La capitale de l'île, La Valette, devient le rendez-vous de tous les corsaires chrétiens, avec ses tavernes et ses marchés aux esclaves où les capitaines viennent acheter des rameurs pour leurs galères. Dans les entrepôts s'entassent les richesses prises aux musulmans : tapis, épices, riz, poisson séché, sel, laine, poudre à canon...

1096-1270
C'est le temps des croisades. Huit grandes expéditions de chevaliers partent d'Occident combattre les Turcs musulmans – qui ont envahi la Terre sainte et la ville de Jérusalem – puis entretiennent et protègent les États chrétiens créés sur place par les premiers croisés.

1135
L'ordre religieux des Chevaliers de l'Hôpital, ou Hospitaliers, créé en Terre sainte pour accueillir les pèlerins, se transforme en ordre militaire et a pour mission de défendre les croisés. Ils deviennent les champions de la lutte contre les musulmans.

À l'Ouest, contenir la puissance espagnole

Ces Chevaliers de Malte sont, avec le grand amiral Doria de Gènes, les plus fidèles alliés du roi d'Espagne, qui veut à la fois défendre la religion catholique et étendre son pouvoir sur la Méditerranée. En 1509, les Espagnols prennent Mers el-Kebir et Oran ; en 1510, Béjaïa et le fort qui défend l'entrée d'Alger. À partir de 1525, à l'intérieur de l'Espagne, juifs et musulmans doivent se convertir au catholicisme ou s'exiler. Ceux qui fuient vers la mer sont recueillis par les corsaires musulmans, qui en profitent pour faire des razzias sur les côtes d'Andalousie, emportant des captifs chrétiens pour leurs marchés d'esclaves.

Au début du XVIe siècle, outre plusieurs villes en Afrique du Nord, le roi d'Espagne possède Naples et la Sicile dont les îles sont des repaires pour les corsaires chrétiens.

Un duel sans fin

Parmi les corsaires barbaresques, les plus redoutés sont les frères Barberousse (*voir p. 20-21*). En 1534, le second, devenu maître d'Alger, est nommé amiral chef de la flotte turque : ses navires ravagent désormais la Méditerranée au nom du sultan Soliman. En 1534, les corsaires s'emparent de Tunis et menacent directement Malte et la Sicile. L'année suivante, l'armée espagnole reprend Tunis et coule une partie des navires de Barberousse. Forte de cette victoire, elle attaque Alger en 1541, mais l'expédition tourne au désastre et le roi d'Espagne renonce à poursuivre les offensives. D'un côté comme de l'autre, la guerre de course continue. La bataille de Lépante, qui ruine la flotte turque en 1571, n'apaisera pas la situation en Méditerranée.

Vers 1550, les 60 000 habitants du port d'Alger vivent de la course et 25 000 captifs chrétiens travaillent en attendant que leur famille puisse payer leur rançon.

À qui profite cette pagaille ?

En réalité, bien des receleurs et des revendeurs bénéficient de la situation. La ville de Gènes vend des galères aux Chevaliers de Malte et leur achète les cargaisons prises aux musulmans. À Alger, la revente des marchandises dérobées chez les chrétiens se fait par l'intermédiaire des Provençaux ou des Vénitiens. Ces derniers cherchent à rester neutres pour commercer avec tout le monde, mais leurs navires sont attaqués par les pirates uscoques le long de la Croatie. Les Chevaliers de Malte et les Siciliens n'hésitent pas non plus à dévaliser les navires vénitiens en appliquant avec zèle le "droit de visite", droit qui leur permet de réquisitionner sur un navire chrétien des marchandises appartenant à des Turcs ou à des juifs.

À partir de 1528, l'amiral de la flotte de Gènes Andrea Doria lutte contre les musulmans. Il est l'ennemi juré de Barberousse.

En 1565, l'île de Malte oppose une résistance acharnée à l'assaut des Turcs qui ne parviendront pas à s'en emparer.

1154
Henri II Plantagenêt, duc de Normandie et comte d'Anjou, monte sur le trône d'Angleterre. Il a épousé Aliénor d'Aquitaine, et l'ensemble de leurs possessions forme l'immense empire Plantagenêt. Entre lui et le roi de France naît une rivalité qui durera des siècles.

1189
La 3e croisade réunit le roi de France Philippe Auguste, le roi d'Angleterre Richard Cœur de Lion et l'empereur d'Allemagne Frédéric Barberousse. Pour la première fois, les armées françaises et anglaises voyagent par mer, sur les bateaux vénitiens.

Les frères Barberousse, entre légende et réalité

Les quatre frères Barberousse sont les fils d'un potier grec de l'île de Mytilène, entre Lesbos et la Turquie. Seuls les deux plus jeunes, Arudj et Khair ad-Din, entrent dans l'histoire au titre des plus redoutables corsaires de la Méditerranée du XVIe siècle !

Des débuts mouvementés

Capturé par les corsaires chrétiens de Rhodes, Arudj (1474-1518) est vendu comme esclave et se retrouve à ramer sur une galère. Il s'évade, repart sur un navire qui est bientôt attaqué par les Génois et réussit à regagner la côte à la nage. Remarqué par le frère du sultan turc Selim Ier qui lui confie un navire, il mène la course contre les bateaux chrétiens et se distingue en saisissant deux galères du pape. En 1512, avec son frère cadet Khair ad-Din (1476-1546), il cherche à reprendre aux Espagnols la ville de Béjaïa (Algérie). Alors qu'il monte à l'assaut d'une tour, son bras droit est arraché par un boulet de canon. Il faut l'amputer... Il survit et se fait adapter un bras en argent. Arudj meurt en 1518, une dague espagnole dans le cœur, et sa tête coupée est portée en triomphe comme un trophée.

Barberousse, le bien nommé

Khair ad-Din prend la suite de son frère comme chef d'Alger. Le nom de *Barba Rossa*, Barbe Rousse, lui est sans doute donné par les Espagnols. En 1531, ces derniers tentent un débarquement, mais ils doivent fuir devant la tempête et la résistance du fameux corsaire à la barbe rousse.

1204

Le roi de France Philippe Auguste reprend au roi d'Angleterre la Normandie, puis l'Anjou et la Touraine, mais l'Aquitaine reste anglaise. Un commerce actif de laine et de vin relie Bordeaux et Londres par la route maritime.

1212

Bataille de las Navas de Tolosa. Depuis le XIe siècle, la Reconquista (reconquête) chrétienne a commencé en Espagne. Les royaumes chrétiens s'unissent contre la présence musulmane avec l'aide de renforts venus de France et remportent là une victoire décisive.

La prise du fort d'Alger

En mai 1529, Barberousse décide de détruire le fort que les Espagnols ont construit devant Alger. Comme le roi François Ier est l'ennemi du roi d'Espagne, le corsaire commande des canons à Marseille, et la poudre provient d'un navire vénitien capturé. Pendant deux semaines, il bombarde le fort puis envoie ses soldats à l'assaut. Les derniers Espagnols se rendent. Les pierres du fort serviront à construire le nouveau port d'Alger, protégé par des digues de 200 m de long. En 1535, l'énorme flotte d'Andrea Doria attaque le port de Tunis. L'amiral génois commande la galère *La Reale* où flotte un large pavillon orné d'un christ d'or. Les Chevaliers de Malte sont venus avec une caraque dotée de 6 ponts et cuirassée de plomb pour se protéger de la mitraille. Le fort de la Goulette tombe, Tunis se soumet aux chrétiens. Barberousse est pourtant loin d'être vaincu. Trois ans plus tard, à la Preveza (Grèce), Doria rencontre sa flotte et n'ose pas l'affronter.

Capitan pacha

Devenu amiral en chef de la flotte turque, Khair ad-Din rend souvent visite au sultan Soliman à Istanbul. À l'un de ces voyages, il arrive avec 17 de ses meilleurs capitaines et 44 bateaux chargés d'esclaves, de coffres d'or, de tigres, de lions et de gazelles. Il meurt à Istanbul à l'âge de 70 ans, auprès de sa jeune épouse, la fille d'un gouverneur espagnol qu'il a enlevée au sud de l'Italie.

vers 1250

L'Empire du Mali, en Afrique de l'Ouest, possède des mines d'or et contrôle le trafic du métal précieux vers l'Égypte et les pays arabes. L'arrivée des Portugais au XVe siècle précipitera le déclin de ce riche empire musulman.

vers 1260

La boussole prend place sur les navires. Inventée par les Arabes, elle comporte une aiguille aimantée qui indique toujours le Nord. Cet instrument complète la navigation aux étoiles, et permet de se lancer vers l'inconnu.

1271
Le vénitien Marco Polo (1254-1324) a 17 ans lorsqu'il part vers la Chine avec son père et son oncle. Il y reste 20 ans. Le récit de son voyage publié dans Le livre des merveilles du monde *fait connaître l'Extrême-Orient en Europe.*

1284
La ville de Venise détient le monopole du commerce avec l'Orient et sa prospérité ne cesse de croître. Elle frappe une monnaie d'or, le ducat, très recherchée dans l'ensemble du bassin méditerranéen.

Un bateau corsaire méditerranéen

Pour gagner en course, il faut être rapide et manœuvrant. Depuis les origines de la navigation, pirates et corsaires le savent. La petite galère, ou galiote, et plus encore le chébec, d'origine arabe, allient ces deux qualités. Le chébec fut l'un des navires les plus appréciés par les capitaines de Barberousse.

Rapide et furtif

Grâce à sa coque très basse, le chébec passe inaperçu dans les creux de la houle. C'est un atout pour ce chasseur mais ses cales peu profondes, jaugeant moins de 200 tonnes, sont trop petites pour contenir les cargaisons saisies. Il lui faut donc remorquer les galions qu'il capture.

Avec ses trois mâts ① et ses voiles latines fixées sur des antennes obliques ②, le chébec est le plus rapide des bateaux de Méditerranée. Il possède jusqu'à 24 canons ③. Sur la coque, des orifices sont prévus entre les sabords pour une vingtaine d'avirons ④ qui permettent de manœuvrer ou d'avancer quand il n'y a pas de vent.

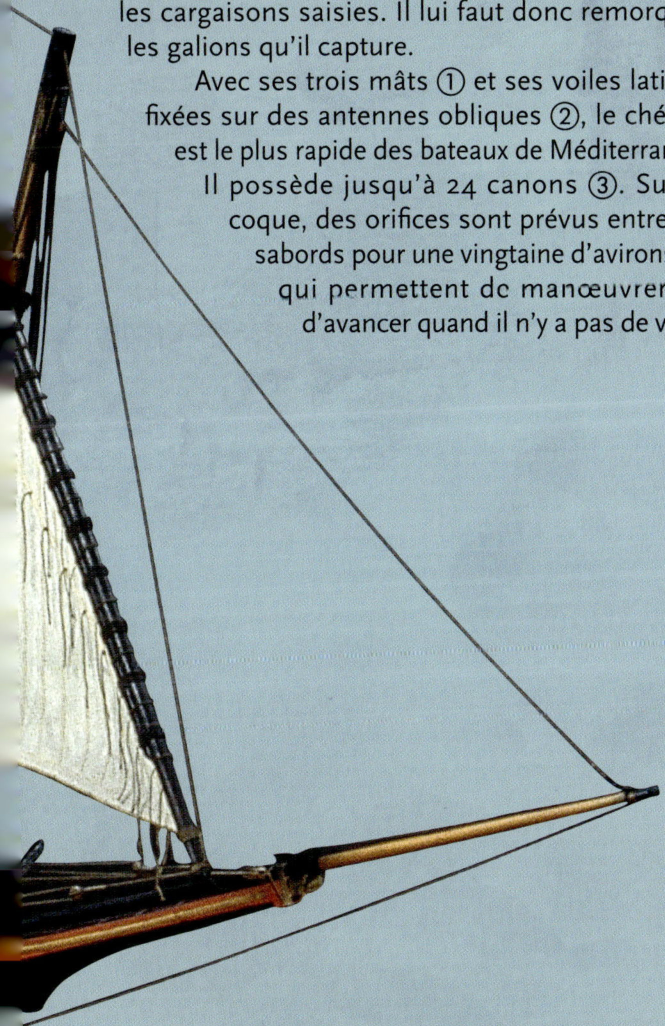

Tactiques d'abordage

Les navires barbaresques attaquent en groupe, jetant parfois de l'huile ou du goudron qui brûle à la surface de l'eau, et manœuvrent à l'abri de l'écran de fumée. Une autre tactique, utilisée par Aydin, l'un des capitaines de Barberousse, est de laisser l'autre approcher, puis de virer brusquement pour l'éperonner par le travers avant que ses canonniers aient eu le temps de tirer.

LA CHIOURME

Au XVIe siècle, les rameurs sont des esclaves sur tous les navires de guerre et de course. Il semble que les corsaires chrétiens de Rhodes aient été les premiers à utiliser de la sorte les captifs raflés sur les côtes ennemies. L'ensemble des rameurs compose la chiourme. Plusieurs hommes sont nécessaires pour manier chaque aviron, qui pèse 130 kg et mesure 8 m de long ; l'effort fourni est épuisant pour ces esclaves mal nourris de biscuits et de fèves. Cependant, boire demeure une priorité, et les cales du chébec contiennent d'importantes réserves d'eau.

1291
La ville d'Acre, en Terre sainte, est reconquise par les musulmans. Cette défaite marque la fin officielle des croisades. Les moines soldats de l'ordre de l'Hôpital se retirent sur l'île de Chypre, puis à Rhodes d'où ils poursuivent leur lutte contre l'Islam.

1337-1453
La guerre de Cent Ans a duré 116 ans, pendant lesquels se succèdent conflits et trêves. La rivalité entre France et Angleterre se réveille lorsque le roi français meurt sans héritier. Édouard III réclame alors la couronne ; il envahit la Normandie et agrandit l'Aquitaine.

Le monde s'agrandit

« Sire, des objets si merveilleux que la plume ne peut les décrire et qu'il faut voir pour y croire... » Le conquistador Hernan Cortès semble tout ému lorsqu'il énumère au roi d'Espagne Charles Quint les richesses qu'il lui envoie : des masques ciselés, des mosaïques de pierres fines, des casques, des boucliers ouvragés, des manteaux en plumes de quetzal, des topazes, de l'or en lingots, de l'or en poudre...

Le corsaire français Jean Fleury, capitaine de Jean Ango, intercepte le trésor de l'empereur aztèque Moctezuma, dont une émeraude large comme la main.

Un trésor sur la mer

Ces merveilles constituent le trésor du dernier empereur aztèque (Mexique) que Cortès vient de saisir. En 1522, il s'apprête à les envoyer en Espagne à bord de trois caravelles. Aux joyaux, il ajoute des jaguars enfermés dans des cages en bois. Au milieu de l'océan, par une nuit de tempête, un des jaguars s'échappe et égorge une partie de l'équipage. Trois mois après leur départ, les trois navires, épuisés, finissent par arriver en vue des Açores. Et là, quelle mauvaise surprise de découvrir le capitaine Jean Fleury, de Dieppe, qui les attend ! Cet homme est la terreur des Espagnols. Après quelques coups de canon, deux caravelles sont abordées sans difficulté. Lorsqu'il ouvre les écoutilles, Fleury croit avancer dans un rêve, tant le butin dépasse ses espérances. La plus belle pièce est une énorme émeraude en forme de pyramide. Charles Quint ne recevra jamais son trésor. En 1527, Jean Fleury sera pris par les Espagnols et mis à mort mais, le long des côtes de France, des milliers d'audacieux sont prêts à risquer leur vie pour l'or des Amériques.

À partir de 1525, afin de limiter les attaques, les galions espagnols sont obligés de naviguer en convois, encadrés par des navires de guerre, qui circulent deux fois par an. Sur toute denrée arrivant en Espagne, le roi prélève 1/5e. Ces contraintes irritent les colons espagnols et favorisent la contrebande qui fait la fortune des corsaires.

24 juin 1340
Bataille navale de l'Écluse et première défaite française de la guerre de Cent Ans. La flotte anglaise, favorisée par le vent et la marée, fait des ravages grâce à ses archers gallois. La flotte française est anéantie.

1341-1364
La guerre de succession de Bretagne s'inscrit dans la guerre de Cent Ans. Le duché étant sans héritier, le conflit oppose la famille de Penthièvre, alliée au roi de France, et celle de Montfort qui prend le parti de l'Angleterre.

Le partage du monde prévu par le traité de Tordesillas : au centre, entre les deux traits, les possessions portugaises ; le reste des terres appartient à l'Espagne.

Se partager le monde

En 1494, la rivalité entre les Portugais et les Espagnols pour le partage des nouvelles terres nécessite l'établissement d'un traité sous l'autorité du pape : le traité de Tordesillas. Une ligne imaginaire passant dans l'océan Atlantique à 2 000 km à l'ouest du Cap Vert sépare les possessions des deux pays : à l'ouest pour l'Espagne ; à l'est pour le Portugal. Les autres pays européens n'accordent évidemment aucun crédit à ce traité.

Soif d'or et de découvertes

À la suite de Christophe Colomb, les Espagnols se sont lancés à l'assaut de l'Amérique. La conquête du continent sud-américain est achevée vers 1550. De leur côté, les Portugais explorent la côte africaine, établissent des comptoirs commerciaux en Guinée, d'où ils rapportent de l'or, des esclaves et de l'ivoire. En 1498, après avoir franchi la pointe sud de l'Afrique, ils atteignent l'Inde, le pays fabuleux de la soie, des épices et des pierres précieuses. Ils ont désormais le monopole du commerce sur ces produits de luxe qui font rêver l'Occident depuis des siècles.

La naissance de la flibuste

Depuis le milieu du XVe siècle, dans les ports de la Manche et de l'Atlantique, les marins sont prêts à se lancer vers le grand large, mais les rois de France délaissent la mer pour faire la guerre en Italie. Pourtant, pas question de laisser toutes les richesses aux Portugais et aux Espagnols ! Au XVIe siècle, les premiers corsaires et flibustiers à s'aventurer vers les Antilles ou la Guinée sont des Français. En 1537, ils sont si nombreux qu'ils réussissent à former une chaîne de navires pour intercepter le convoi espagnol de l'amiral Nunez et lui enlèvent neuf bâtiments. Le capitaine François Leclerc, dit Jambe de Bois, qui obtient des lettres de marque du roi Henri II, part en 1553 à la tête de 800 hommes sur six navires et entreprend de ravager les Caraïbes. À Porto Rico, Saint-Domingue ou la Havane, personne n'avait jamais vu une telle flotte ennemie. Ces Français sont pour la plupart protestants : à la farouche volonté de dépouiller les Espagnols s'ajoute la haine du catholicisme. On voit ainsi Jacques de Sores, second de François Leclerc, arraisonner en 1570 un bateau de missionnaires et jeter les malheureux prêtres par-dessus bord.

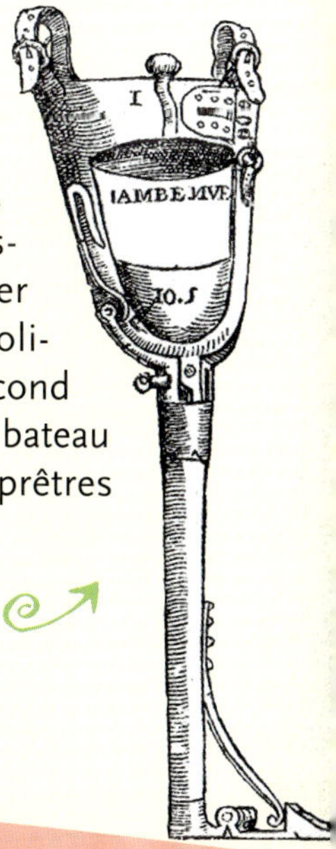

La seule jambe de bois attestée de l'histoire de la piraterie est celle de François Leclerc dit "Jambe de bois", surnommé aussi "pie de Palo" par les Espagnols.

1343
Pendant la guerre de succession de Bretagne, Olivier IV de Clisson est exécuté par traîtrise sur ordre du roi de France qui le soupçonne d'avoir pactisé avec les Anglais ; sa femme, Jeanne de Belleville, se lance sur les mers contre les navires de France (voir p. 14).

1346
Bataille de Crécy. Les premiers canons transforment l'art de la guerre, d'abord sur terre puis sur la mer. En 1500, l'invention du sabord, percé dans la coque des navires, permet de placer les canons en batteries et les navires deviennent de véritables engins de guerre.

Les “chiens de mer” de la reine Élisabeth d’Angleterre

Fille du roi Henri VIII, Élisabeth (1533-1603) monte sur le trône en 1558 et comprend vite qu’elle doit transformer cette nation de pirates en conquérants des mers. Elle nettoie les côtes des petits malfrats et rassemble autour d’elle les fameux “chiens de mer”, d’audacieux capitaines capables de traverser l’océan pour atteindre les ports espagnols du Nouveau Monde et faire main basse sur l’or et les richesses.

Martin Frobisher (1539-1594)

En 1553, parti comme mousse dans une expédition en Guinée, il est capturé par une tribu africaine et parvient à s’enfuir. De 1559 à 1562, il mène la course contre les bateaux portugais en Atlantique sud, puis il chasse pour son propre compte. En 1576, la reine Élisabeth l’envoie au nord du Canada pour chercher un passage vers la Chine. On le retrouve en 1585 à Carthagène (Colombie) aux côtés de Francis Drake. Il est anobli en 1588.

Sir Walter Raleigh (1552-1618)

« Celui qui tient la mer tient le commerce du monde. » Cette idée, lancée par Sir Walter Raleigh, devient la ligne de conduite des “chiens de mer”. Grand seigneur protestant, poète et favori de la reine, Raleigh est aussi un pirate sans scrupule, fasciné par l’or au point de partir lui-même à la conquête de l’Eldorado. Il se fait également explorateur et tente d’installer la première colonie anglaise en Amérique. Jacques Ier, le successeur d’Élisabeth, l’accuse de conspiration et le fait emprisonner pendant douze ans. Libéré, il entreprend une expédition en Guyane ; à son retour, il est de nouveau condamné, puis décapité.

1368

En Chine, la dynastie Ming s’installe au pouvoir au terme d’une longue lutte contre les Mongols. Elle règnera jusqu’en 1644, favorisant les progrès de l’agriculture et du commerce, ainsi que les explorations maritimes.

1370

Paix de Stralsund entre les Danois et la Hanse, cette association de villes marchandes du nord de l’Europe. Ces villes obtiennent la libre circulation de leurs bateaux entre la mer du Nord et la mer Baltique et détiennent le monopole du commerce maritime.

Sir John Hawkins (1532-1595)
Curieux personnage que cet ardent protestant, amateur de repas fins et de violon, qui rafle des esclaves sur les côtes de Guinée entre 1562 et 1564 pour les revendre en fraude aux Antilles. Il revient avec des perles, du sucre, de l'argent et du cuir. Lors d'un troisième voyage, il a recours à la force pour vendre sa cargaison, pille les côtes du Venezuela et les environs de Veracruz (Mexique), premiers territoires du Nouveau Monde attaqués par une flotte anglaise.

Francis Drake (1542-1596)
El Dragon : ainsi le nomment les Espagnols, terrorisés par ce redoutable prédateur. En 1573, il empoche 30 000 livres en pillant la ville de Nombre-de-Dios (Panamá). Après avoir franchi le détroit de Magellan en 1578, il capture le *Cacafuego*, un vaisseau espagnol contenant 36 tonnes d'argent. Il faudra 6 jours pour transborder un tel trésor ! Bien lesté par ces lingots, son navire traverse le Pacifique jusqu'aux îles Moluques où il se charge d'épices. De retour chez lui, Francis Drake est l'homme le plus riche d'Angleterre. Le roi d'Espagne réclame sa tête ; la reine le fait chevalier. En 1585, Élisabeth lui confie 29 navires et 2 300 hommes pour aller piller le port de Carthagène (Colombie).

Thomas Cavendish (1555-1592)
Commissionné par la reine, il se lance en 1586 sur les traces de Francis Drake, chasse dans le Pacifique où il brûle les villes et les vaisseaux espagnols, puis fait le tour du monde et regagne l'Angleterre en 1588. Une seconde expédition tourne au désastre et il meurt sur les côtes du Brésil en 1592. Ce tableau représentant les trois audacieux a été réalisé au XVIIe siècle.

1378
Une ordonnance du roi de France Charles V exige de construire des fortifications en France afin de résister aux attaques des Anglais : des châteaux forts s'élèvent sur les côtes de la Manche et de l'océan Atlantique. Les ports, mieux protégés, s'arment pour la guerre.

1394-1460
Vie du prince portugais Henri le Navigateur qui finance les premières explorations maritimes portugaises le long de la côte africaine. Il fait beaucoup progresser la navigation, la construction navale et la cartographie.

Ils se nomment "Frères de la Côte"

« Ils ont pour tout vêtement une petite casaque et un caleçon dont la toile est tout imbibée de sang. Leur peau est basanée ; ils portent les cheveux noués et la barbe longue, et exhibent à leur ceinture un étui en peau de crocodile contenant quatre couteaux. À l'arrivée des navires, ils viennent en barque proposer des cochons sauvages contre de l'eau-de-vie. »

Les boucaniers

Ces hommes – décrits ainsi par un témoin arrivant aux Antilles en 1666 – sont les fameux boucaniers. Ils se sont installés à Saint-Domingue et sur les îles alentour, presque désertes (*voir p. 30*). En effet, après avoir décimé les populations indigènes, les Espagnols, déçus par le manque d'or, ont quitté les Antilles pour le continent américain, et n'y exercent plus qu'une surveillance irrégulière. Le bétail, apporté d'Europe, y est redevenu sauvage et s'est multiplié. D'immenses troupeaux de bœufs et de cochons attirent des chasseurs qui abattent le gibier et le préparent sur des boucans, à la manière des Indiens caraïbes. De cette activité, ils tirent leur nom de boucaniers.

Il y a deux sortes de boucaniers : ceux qui chassent les bœufs sauvages pour le cuir, et ceux qui tuent les cochons pour la viande qu'ils boucanent. Tous sont armés et accompagnés de chiens féroces.

L'animal est posé sur une claie de bois nommée barbacoa *en langue caraïbe, d'où vient le mot "barbecue". Un feu de branches et d'herbes fume la viande en la parfumant délicieusement.*

1396
Bataille de Nicopolis. Une armée de croisés venus de tous les pays d'Occident est vaincue par les Turcs Ottomans devant la ville de Nicopolis (Bulgarie actuelle). Cette défaite permet aux Turcs d'affirmer leur domination à l'est de l'Europe.

1405
Premier voyage de Zheng He. Nommé amiral de la flotte par l'empereur de Chine qui veut agrandir encore ses possessions, Zheng He fait construire des centaines de navires et organise sept expéditions dans l'océan Indien de 1405 à 1433.

Des hommes prêts à tout

Les boucaniers vendent leur production aux bateaux et leur achètent, en échange, de la poudre pour les fusils, du sel pour conserver les viandes, des armes et du rhum, un alcool extrait de la canne à sucre. Les capitaines des navires apprécient les réserves d'excellente nourriture qui se conserve plusieurs mois. Les bateaux, en particulier ceux de la contrebande et de la flibuste, assurent donc le lien entre la civilisation et ces hommes vivant en groupes fraternels dans la forêt, qui se nomment eux-mêmes "Frères de la Côte". Les capitaines flibustiers en recrutent régulièrement dans leurs équipages, car les boucaniers n'ont peur de rien, manient à merveille le couteau ou le fusil et savent vivre en communauté.

Le fusil des boucaniers est l'arme des flibustiers. Son canon est long de 4,5 pieds (environ 1,50 m) et le chargement est trois fois plus rapide que pour les autres fusils.

LA LANGUE DES INDIENS CARAÏBES

En 1618, le capitaine flibustier Charles Fleury quitte Dieppe pour les Antilles où son équipage en difficulté est généreusement accueilli par les Indiens caraïbes. Un des passagers établit un glossaire dont voici quelques exemples : banari *: ami ;* houya *: pluie ;* mibiri *: mouche ;* turri *: manioc ;* cayou *: poule. Le français a conservé plusieurs mots de cette langue, comme hamac qui vient de* hamaca*, ou encore ouragan tiré de* houragano.

Les rois et la police sont bien loin

Mi-marins mi-terriens, les Frères de la Côte tentent les aventures de la flibuste, pillent les navires naufragés, pratiquent la contrebande. Ils ne dépendent de personne, hormis des capitaines qui les emploient, et n'obéissent guère aux lois de Paris ou de Londres.

Pourtant, au cours du XVIIe siècle, une organisation administrative et commerciale apparaît lentement dans les îles. À partir de 1620, les Anglais prennent position à la Barbade et sur l'île de Providence, puis à la Jamaïque (*voir p. 46-47*). En 1623, le capitaine français Pierre Belain d'Esnambuc, soutenu par Richelieu, ministre du roi Louis XIII, établit une colonie sur l'île Saint Christophe, qui devient la première base du commerce et de la flibuste française aux Antilles.

Les "engagés" sont recrutés pour trois ans chez les Français et sept ans chez les Anglais, et traités comme des esclaves par le maître qui a payé leur voyage. Un planteur de l'île Saint Christophe se vantait d'en avoir assommé trois cents et clamait qu'ils étaient morts de paresse.

D'où viennent-ils ?

La plupart des Frères de la Côte sont nés en Europe. Ils sont arrivés aux Antilles comme "engagés", ouvriers dans les plantations de tabac ou de canne à sucre, mais les conditions de travail sont si atroces qu'ils ont déserté. Ils ont été rejoints par des esclaves "marrons" (de l'espagnol *cimarrón* : s'enfuir) qui se sont échappés des plantations pour les mêmes raisons. Sur un millier d'esclaves africains arrivant chaque année aux Caraïbes, on en compte près d'un tiers qui a réussi à fuir et vit dans la forêt. D'autres sont métis, nés de mère indienne et de père espagnol, français ou anglais. À côté d'eux, on trouve aussi des marins qui ont quitté leur navire, des naufragés et des bûcherons qui abattent du bois rouge très recherché en Europe pour la teinture.

vers 1450
Venise est la ville la plus riche d'Occident. La soie et les épices d'Orient transitent par ses entrepôts avant de gagner le reste de l'Europe et ses marchands ont des comptoirs en Méditerranée. Mais l'avance des Turcs menace gravement cette prospérité.

1453
La victoire française de Castillon marque la fin des combats de la guerre de Cent Ans. Les Anglais ne possèdent plus de territoires en France, hormis la ville de Calais. Mais la rivalité n'est pas éteinte et la guerre de course se poursuit sur la mer.

L'île de la Tortue

À cette époque où la fortune sur la mer dépend du vent, l'île de la Tortue a la chance d'être située sur le détroit que les bateaux espagnols doivent emprunter pour trouver les vents dominants qui conduisent vers l'Europe. Les Frères de la Côte, boucaniers et flibustiers, s'y installent au début du XVIIe siècle, et sont environ cinq cents vers 1650.

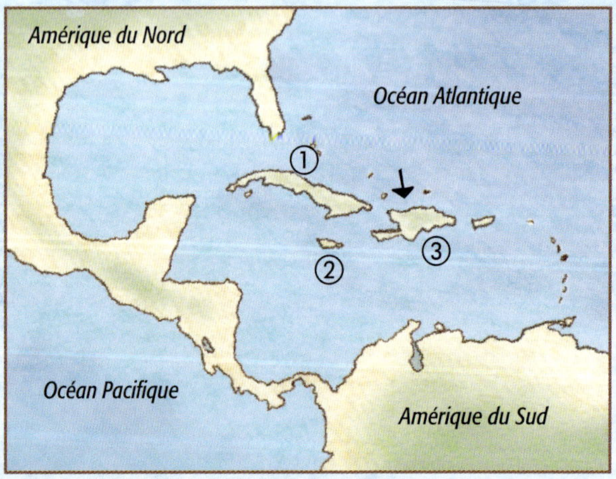

→ Île de la Tortue

1. Cuba
2. Jamaïque
3. Saint-Domingue

1453
Les Turcs Ottomans s'emparent de la ville de Constantinople (Istanbul) ; les routes maritimes vers l'Orient se ferment peu à peu aux Européens qui se tournent vers l'Atlantique. En Méditerranée, musulmans et chrétiens s'affrontent.

Janvier 1492
En Espagne, Isabelle de Castille et son époux Ferdinand d'Aragon entrent en vainqueurs dans la ville de Grenade qui appartenait aux musulmans depuis 700 ans. Les habitants doivent se convertir ou partir. Ceux qui fuient sont recueillis par les corsaires barbaresques.

Pour certains, l'île ressemble à une tortue, la tête à l'ouest, la queue à l'est, et mesure 50 km de long sur 15 km de large. La côte abritée est au Sud, séparée de l'île de Saint-Domingue (aujourd'hui Haïti) par un étroit bras de mer. Le seul port accessible, au fond de l'anse de Basse-Terre, est protégé par les 35 canons du Fort de la Roche.

En 1641, l'île de la Tortue passe sous l'autorité d'un gouverneur français désigné par une puissante entreprise commerciale : la Compagnie des Indes occidentales*. Le rôle du gouverneur est d'encourager la flibuste en délivrant des commissions aux capitaines, et en armant lui-même des navires. Les prises sont ensuite partagées de la façon suivante : 1/10e pour le roi, la moitié du butin restant pour la Compagnie des Indes et l'autre moitié pour le gouverneur et les participants. Après le gouvernement de Le Vasseur et de Fontenay, l'âge d'or de la Tortue se situe sous Bertrand d'Ogeron (1664-1676) qui réussit à protéger la population, fait venir des femmes pour sédentariser les hommes et négocie d'incessants compromis avec les Anglais de la Jamaïque. Il développe aussi le port de Petit-Goâve, sur la côte ouest de Saint-Domingue, qui peut accueillir de gros vaisseaux et attire de nombreux flibustiers *(voir DVD, chap. 3 et 6)*.

12 octobre 1492
L'expédition dirigée par Christophe Colomb débarque sur le rivage d'une île inconnue aux portes d'un continent nouveau qui sera baptisé Amérique. Colomb organise trois autres voyages vers ce Nouveau Monde que l'Espagne s'empresse d'annexer.

1494
Un traité signé à Tordesillas (Espagne) partage les nouvelles terres. « Tout pays situé à l'Ouest d'une ligne imaginaire passant dans l'océan Atlantique revient aux Espagnols, et ce qui est à l'Est appartient aux Portugais. » Les autres pays jugent ce traité inacceptable.

L'âge d'or de la flibuste

On l'appelle Diego le mulâtre, parfois Diego Lucifer, Diaguillo ou simplement Diègue. On le dit de Séville... En réalité, il est né à la Havane (Cuba) avant 1619, d'un père hollandais et d'une mère noire. Élevé sur les navires flibustiers hollandais, il connaît parfaitement les îles. Il charme ses équipages et ses prisonniers en jouant de la guitare. Il tue aussi, avec beaucoup de sang-froid. Il est l'image même de la flibuste antillaise au XVIIe siècle.

40 ans de mauvais coups

Dès 1633, on trouve Diego allié au flibustier français Pierre le Grand lors de l'attaque de la ville de Campeche. En 1643, il est le pilote d'une expédition anglaise contre les Espagnols. Très vite, il a 200 hommes sous ses ordres, sur 3 ou 4 bâtiments bien armés qui arraisonnent tout ce qui va sur l'eau. En 1653, il est au service de la France et participe à la prise de Panamá, puis navigue avec une commission anglaise et ne se prive pas de capturer des navires hollandais. En 1673, on perd sa trace... Pris par les Espagnols, il aurait été étranglé.

Les flibustiers ne sont pas des pirates

Aux Antilles, Français et Anglais sont rejoints par les Hollandais qui conquièrent l'île de Curaçao en 1634. En général, les capitaines flibustiers de ces trois nations s'entendent pour lutter contre les Espagnols. Ils agissent munis d'une commission remise par les gouverneurs des îles qui se montrent très coopératifs *(voir DVD, chap. 3)*. Ainsi, en 1666, Bertrand d'Ogeron, gouverneur de la Tortue, donne une commission portugaise aux flibustiers pour attaquer la ville espagnole de Maracaibo (Colombie actuelle). La France étant en paix avec l'Espagne, il ne peut en obtenir une du roi.

Malgré ses défenses, la ville espagnole de Campeche au Yucatán est attaquée en 1633 par les Hollandais et les Français, avec 7 navires et 600 hommes, puis par le flibustier Henry Morgan en 1663, et pillée à nouveau en 1686.

1498
Vasco de Gama, à la tête de trois navires portugais, ouvre la route de l'Inde par le sud de l'Afrique et l'océan Indien. Les Portugais accaparent aussitôt le commerce du poivre et des épices, vite convoité par les Hollandais et les Anglais.

1500
Le navigateur portugais Cabral découvre le Brésil, mais l'arrivée des Européens y est sans doute antérieure. Dès 1503, des navires normands s'y rendent régulièrement et en rapportent de précieuses cargaisons de bois rouge, utilisé en teinture.

Flibustier français, Jean Nau, dit L'Olonnais, est le fléau des Espagnols. Il tire sa gloire de l'expédition de Maracaibo (Venezuela) qu'il a dirigée en 1666. Le butin s'élève à 300 000 pièces de huit*. Sa réputation de bravoure et de cruauté fait le tour des îles. Il meurt en 1671, peut-être capturé et rôti à la broche par les Indiens.

MONBARS, UNE LÉGENDE ?

Monbars l'Exterminateur a-t-il vraiment existé ? D'après le chirurgien Oexmelin (voir p. 42-43) *qui l'a rencontré, c'était un fameux flibustier qui versait le sang des Espagnols avec délectation pour venger les atrocités que ceux-ci faisaient subir aux Indiens. Mais les archives n'ont gardé aucune trace de lui.*

Une situation politique complexe

Officiellement, les actions des flibustiers dépendent des conflits qui agitent l'Europe. Or, de 1618 à 1648, l'Europe est ravagée par la guerre de Trente Ans, qui oppose l'Espagne aux autres pays. Tout est donc à peu près simple... Les choses se compliquent après 1650, lorsque la France devient l'alliée de l'Espagne et interdit d'attaquer les navires espagnols. Puis, en 1672, la Hollande et la France entrent en guerre : les flibustiers français n'ont plus le droit de commercer avec les Hollandais, leurs alliés d'hier ! Quelle pagaille et quelles pertes financières pour les îles ! Voilà pourquoi les gouverneurs se montrent cléments avec ceux qui dérapent vers la piraterie, ceux qui servent plusieurs pays tour à tour, ou ceux qui se rebellent contre leur propre patrie.

Flibustier, meneur d'hommes et gouverneur

Au milieu de cette confusion, se distingue Henry Morgan, un flibustier anglais qui engage de nombreux capitaines français sous ses ordres. En 1668, il réunit 900 hommes sur 9 navires pour attaquer Portobello, puis frappe un grand coup en 1671 en visant Panamá avec 36 navires (dont 8 français) et 1 846 hommes. La ville est mise à sac, mais le butin est bien maigre, et l'on dira que Morgan en a subtilisé une partie. Lui ne s'en inquiète guère : cette grandiose opération est la dernière qu'il réalise car l'Angleterre et l'Espagne signent un traité de paix aux Antilles. Alors, Morgan, qui s'adapte à toutes les situations, se retrouve... vice-gouverneur de la Jamaïque !

Surpris par les Espagnols au moment où il quitte la rade de Maracaibo avec son butin, Henry Morgan lance un brûlot, un navire rempli de poudre, qui explose devant la flotte ennemie. Et il profite de la pagaille pour échapper à l'embuscade...

Doublons espagnols datant du XVIIe siècle. C'est la monnaie préférée des flibustiers, car ces pièces sont en or massif.

1503
La casa de la Contratacĩon est fondée à Séville (Espagne) pour gérer le commerce avec le Nouveau Monde. Un convoi de galions chargés de métaux précieux, sucre, tabac ou cacao part une fois par an de Carthagène, Portobello et Veracruz à destination de l'Espagne.

1517
Luther publie en Allemagne un manifeste contre l'Église catholique. De ces protestations, aussitôt connues à travers l'Europe, naît la religion protestante. Les guerres de religion qui s'ensuivent déchirent les pays européens. Elles ont lieu sur terre et sur mer.

Quels navires et comment naviguer ?

Vers 1640, avec une barque portant 28 hommes et dotée de 4 petits canons, le flibustier Pierre le Grand prend en chasse un vaisseau espagnol de 54 canons, qui remarque à peine le gringalet lancé à ses trousses. Pierre rejoint discrètement le galion et fait monter ses hommes à bord, avec ordre de sauter sur le capitaine. Le couteau sous la gorge, celui-ci doit se rendre.

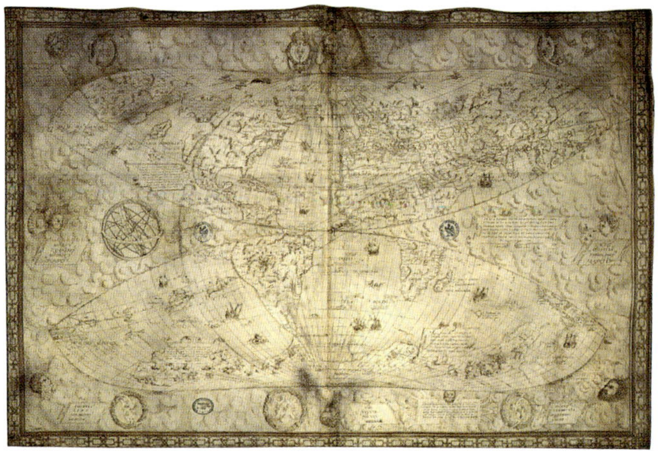

Guillaume Le Testu (1509-1573), capitaine et cartographe normand lié à Drake pour attaquer les Espagnols, a tracé cette carte en 1566.

Des petits navires

Les flibustiers du XVIIe siècle choisissent des navires qui filent au vent et manœuvrent vite. Ils gardent rarement pour eux les gros vaisseaux de 30 ou 40 canons qu'ils capturent car ils sont trop lents, trop lourds, et exigent un équipage nombreux, ce qui diminue la part de butin. Les grosses barques à voiles et à rames, construites à la Jamaïque ou aux Bermudes, correspondent mieux à leurs besoins. Les brigantins font tout aussi bien l'affaire : à peine 20 m de long, avec un seul pont, un seul mât, 8 à 16 bancs de rameurs, ils peuvent remonter les rivières et s'approcher des côtes. Pour les attaques des villes, en revanche, les flibustiers recherchent de plus gros bâtiments pouvant accueillir 200 soldats, comme les frégates. Les Antilles étant dépourvues de chantiers navals, ceux-ci sont construits en Europe, surtout en Hollande.

Les caprices du vent

En traversant l'Atlantique sud, un navire peut rester bloqué dans le “pot au noir”, une zone dépourvue de vent au nord de l'équateur. Là, il doit attendre désespérément le retour de la brise, tandis que les réserves d'eau s'épuisent. Une fois aux Antilles, au contraire, il arrive que les vents et les courants empêchent le bateau d'accoster à la Martinique ou à la Guadeloupe, l'obligeant à pousser jusqu'à Saint-Domingue. Quant aux cyclones qui secouent cette région du globe pendant les mois d'été, ils jettent les navires vers la côte, sur des récifs de corail ou des hauts-fonds encore mal répertoriés sur les cartes marines, causant d'innombrables naufrages.

Basse sur l'eau, dotée d'un ou deux ponts, équipée de 16 petits canons en une seule batterie (un seul étage), la frégate est souvent utilisée par les flibustiers à la fin du XVIe siècle.

1517
Fondation du port et de la ville du Havre par François Ier. Le roi comprend que l'avenir est sur la mer, et la France s'ouvre vers le Nouveau Monde. Dès la seconde moitié du XVIe siècle, de nombreuses expéditions sont organisées à partir du Havre.

1519
Charles Quint est élu empereur d'Allemagne. Il est désormais à la tête d'un empire comprenant l'Espagne, les Pays-Bas, l'Allemagne et les territoires espagnols du Nouveau Monde. Cette élection accentue la rivalité entre lui et le roi de France.

Pour reconnaître la côte, différencier l'ami de l'ennemi, rien de plus efficace que "la lunette à longue-vue", son nom d'origine. Grâce à cet instrument, en 1691, le corsaire René Duguay-Trouin décèle de faux canons en bois sur un navire anglais… et décide de l'attaquer.

Toutes sortes de dangers

En 1684, le sieur de Montauban, capitaine flibustier, voit son navire déchiqueté par l'explosion des réserves de poudre. Il décrit « la montagne d'eau et de feu, de débris de vaisseau, de cordages, de canons, d'hommes… » Projeté au loin, il s'accroche à une pièce de mât et échappe de justesse à la noyade. Avec une quinzaine de survivants, il embarque sur un canot dont il faut colmater les brèches et réussit à gagner la côte après un périple de plusieurs jours.

QUELQUES NOMS DE BATEAUX FLIBUSTIERS

L'Aventureux *dirigé en 1553 par Jean Leclerc ;* La Mignonne *et* Le Dragon *armés en 1572 et 1576 par Girart Le Testu ; en 1712,* Le Dangereux *conduit par Jacques Bréard et* La Trompeuse *du sieur Delavigne ;* La Fortune *du capitaine Breha en 1681. Bien des fois apparaissent aussi* La Foudre *et* L'Espérance, *sans oublier les prénoms de femmes (*La Suzanne *ou* L'Angélique*) et les noms de saints (*Le Saint-Nicolas, La Sainte-Anne*…).*

Carénage et calfatage

Les flibustiers doivent caréner souvent, c'est-à-dire nettoyer, réparer la coque abîmée par les coquillages et les tarets (parasites qui rongent le bois et laissent pénétrer l'eau). Il faut d'abord pomper ; deux hommes y passent plusieurs heures par jour à tour de rôle. Puis, remplacer le bois endommagé. Une fois les bordés* remis à neuf par le charpentier, le calfat assure l'étanchéité en bourrant tous les interstices de la coque avec une mèche de coton enduite de goudron. Ces travaux durent plusieurs semaines. Quelle aubaine pour les marins : ils en profitent pour dormir à terre, manger des vivres frais et chasser la tortue (*voir p. 45*) !

Les petites îles au sud de Cuba ou près du Honduras sont réputées pour leur plage en pente douce qui permet "d'abattre en carène" : le navire, tiré au sec, est couché sur le flanc. Au préalable, il faut tout déménager y compris les canons, et parfois ôter la mâture.

Vers 1520
Les Espagnols quittent l'archipel des Antilles pour coloniser le continent sud-américain où ils pensent trouver de l'or. Les îles désertées deviennent le repaire des flibustiers français, puis anglais et hollandais.

1520-1522
Magellan réalise le premier tour autour du monde. Parti d'Espagne avec 5 navires, il trouve un passage au sud de l'Amérique et franchit l'océan Pacifique pour atteindre les îles aux épices (Indonésie). Après sa mort, un seul bateau regagne l'Europe par le sud de l'Afrique.

Capitaines et équipages

Lorsqu'une expédition part d'Europe, les hommes d'équipage sont avertis par des annonces publiques, par les conversations dans les tavernes, et ils se présentent au port pour être engagés. Si le navire est déjà aux Antilles, le capitaine sait qu'il trouvera des hommes à Petit-Goâve (côte sud-ouest de Saint-Domingue) ou à Port-Royal (Jamaïque). Pour compléter l'effectif, il suffira de faire escale chez les boucaniers.

Pas de voyage sans pilote

Dans le dédale des îles ou pendant la grande traversée de l'Atlantique, la présence d'un bon pilote est indispensable. Sa nationalité importe peu. Il est payé cher car lui seul sait tracer la route sur la carte, connaît les vents et les courants, les entrées des ports, la profondeur de telle crique pour y mouiller* les navires (*voir DVD, chap. 2*). Certains capitaines naviguent sans pilote : le fameux Diego Lucifer (*voir p. 32-33*) ou le capitaine François Trebutor, réputé "meilleur pilote d'Amérique" vers 1660, se sont illustrés en guidant eux-mêmes des expéditions tout entières.

La charte-partie

Le capitaine dirige le navire. S'il n'est pas propriétaire, il doit suivre les intérêts de l'armateur qui finance le voyage, et n'est donc pas toujours en accord avec l'équipage. Mais il arrive aussi qu'il soit élu par ses hommes, et bénéficie alors de leur confiance. Quoi qu'il en soit, dès l'embarquement, l'équipage conclut avec le capitaine un contrat appelé charte-partie, qui pose des règles de conduite pendant l'expédition et précise le partage des prises. La charte-partie définit la part qui reviendra à chacun une fois que le butin aura été divisé en lots de valeur égale.

Quel est l'âge du capitaine ? Bien souvent, la carrière de capitaine flibustier ne dure pas longtemps. Une étude anglaise montre que, sur douze capitaines ayant obtenu une commission entre septembre 1662 et juillet 1663, sept étaient morts dès 1671, un était prisonnier, deux étaient planteurs et deux bûcherons !

1523
L'armateur Jean Ango (1480-1550) organise le voyage de l'explorateur Verrazano en Amérique du Nord. En 1529, il envoie deux navires dans l'océan Indien vers les îles aux épices. Ses capitaines pratiquent le commerce, la guerre de course et la piraterie.

1530
Les Chevaliers de l'Hôpital, chassés de Rhodes par les Turcs Ottomans, reçoivent de Charles Quint l'île de Malte, avec mission de défendre la présence chrétienne en Méditerranée orientale. Ils concentrent leurs efforts sur la lutte contre les barbaresques.

Chaque marin possède un sac ou un coffre où il serre ses affaires : une pipe, un caleçon de rechange, une veste de toile cirée… Rien à voir avec le fameux trésor du pirate ! Dans la chambre du capitaine, un coffre de fer fixé à la paroi contient, entre autres richesses, la lettre de commission et le texte de la charte-partie.

Qui tire le gros lot ?

Voici quelques exemples de dispositions écrites dans la charte-partie :

• les hommes ont un lot, les mousses un demi-lot, le pilote et le chirurgien un lot et demi ;

• le capitaine a 3 ou 4 lots. Encore faut-il préciser qu'il touche sa part de capitaine, plus celle de propriétaire s'il possède tout ou partie du bateau. Ainsi le capitaine Van Horn à Veracruz touche 24 000 pièces de huit*, alors que ses hommes en ont 800. Un peu plus tard, au temps de la grande piraterie, on verra le capitaine Kidd toucher 35 parts, contre une part pour chaque marin ;

• celui qui a découvert le navire capturé aura un demi-lot de plus ;

• enfin, si le bateau est très endommagé, l'équipage s'engage à rester avec le capitaine jusqu'à ce qu'une nouvelle prise puisse le remplacer.

La charte-partie prévoit aussi les indemnisations pour les blessés : 100 écus pour un doigt, une oreille ou un œil, mais 600 pour les deux yeux, les deux mains ou les membres. Et si le capitaine est vaincu, ou si la prise ne rapporte pas assez, il est en dette vis-à-vis de l'équipage et doit vite faire une nouvelle prise pour pouvoir l'indemniser.

Les flibustiers, qui participent sans scrupules au trafic négrier, ont des esclaves à bord, mais aussi des équipiers métis ou noirs qui participent aux abordages et touchent une part de butin (voir DVD, chap. 4).

Le matelotage

Une fois la charte-partie signée par les membres d'équipage ou leurs représentants, chacun choisit son matelot, son associé privilégié, le temps d'une expédition ou de plusieurs années. C'est lui qui récupérera ses affaires et la part de butin en cas de mort au combat.

"Matelot" vient du néerlandais *matenoot* : compagnon de lit. En effet, il n'y a qu'un hamac pour deux et chaque homme y dort à tour de rôle, car l'équipage est divisé en deux bordées*, ou deux équipes. L'une dort pendant que l'autre travaille, et l'on change toutes les quatre heures.

1533
Rupture entre le pape et le roi d'Angleterre Henry VIII, qui crée l'Église anglicane, inspirée du protestantisme. Désormais, lors des conflits européens, l'Angleterre prendra volontiers parti pour les pays protestants.

1563
Fin du Concile assemblé dans la ville de Trente (Italie). L'Europe est définitivement divisée en deux pôles : les protestants en Allemagne, aux Pays-Bas et en Angleterre ; les catholiques en Espagne et en Italie. La France reste déchirée entre les deux.

En guerre de course ou en piraterie, la canonnade est une opération d'intimidation avant l'abordage. Bien menée, elle peut endommager suffisamment l'adversaire et entraîner sa reddition sans autre forme de combat.

Tout sur les canons

Quel est ce bateau, au loin ? Du haut de la dunette, la vigie l'observe avec la lunette d'approche. Il semble vouloir fuir. Qu'on le prenne en chasse ! Commence alors une course poursuite pendant laquelle les marins adaptent sans cesse la voilure pour gagner de la vitesse. Si on rattrape le navire, ce sera au tour des canonniers de montrer leur savoir-faire...

Le maître canonnier et ses aides

Le maître canonnier donne ses ordres aux chefs de pièce, des hommes expérimentés qui dirigent chaque équipe de servants. Une équipe compte 15 servants pour une pièce de 36, et 5 servants pour les pièces de 6 ou de 4. Le navire ne tirant jamais des deux côtés à la fois, chaque équipe s'occupe de deux pièces, une sur chaque bord. Les hommes doivent se précipiter d'un bord à l'autre lorsque le bateau vire et présente son autre flanc à l'ennemi (*voir DVD, chap. 8*).

Les champions du tir

Manœuvrer un canon sur affût à roues, en pleine mer, n'est pas une mince affaire. Outre les risques d'incendie et d'explosion, de nombreux accidents sont dus au violent recul de l'engin lors du tir, malgré les cordes qui le retiennent. Les meilleures équipes ne peuvent tirer plus d'un coup toutes les quatre minutes ; et mettre à feu à la seconde près tous les canons d'un même bord relève de l'exploit !

1534
Avec Soliman le Magnifique (1522-1566), l'Empire ottoman devient une grande puissance. Soliman a conquis l'espace méditerranéen jusqu'à Bagdad ; ses corsaires font des razzias en Occident. En 1534, le célèbre Barberousse est nommé capitan-pacha *de la flotte turque.*

1540-1565
Les Wokou, pirates japonais dirigés par des Samouraï, harcèlent les côtes chinoises. Malgré les exécutions publiques, ils continuent leurs méfaits, armés d'arquebuses venues d'Occident. Pour leur résister, les ports chinois se fortifient et se dotent de garnisons bien armées.

En artillerie, un canon s'appelle une pièce. Une pièce de 36 tire des boulets de 36 livres. Elle mesure plus de 3 m de long, pèse 3,7 tonnes. Plus fréquente, la pièce de 6 tire des boulets de 6 livres, pèse 850 kilos et mesure près de 2 m.

Canons et projectiles

À la fin du XVIe siècle, tous les navires sont équipés de canons installés sur les ponts inférieurs, crachant le feu par les sabords, des ouvertures prévues exprès dans la coque. À la différence des autres canons, les pierriers sont placés à l'air libre, sur le pont supérieur ou le château avant ; ils tirent de la mitraille et se chargent par la culasse. Les flibustiers utilisent notamment des "pierriers à boîte" qui tirent plus vite car la charge est déjà préparée dans une boîte en fer. Les canons du XVIIe sont constitués de bandes de fer soudées et cerclées. Pour éviter l'éclatement au moment de l'explosion, on double le cerclage par des cordes enroulées. Les boulets sont le plus souvent en fonte de fer ; les boulets ramés sont formés de deux demi-sphères réunies par une barre pour détruire la mâture. Les paquets de mitraille, très efficaces à moins de 300 m contre les personnes, sont des sacs bourrés de balles et de morceaux de fer.

Les secrets de la poudre noire

La poudre à canon est un mélange très explosif composé de salpêtre, de soufre et de charbon de bois. Elle est stockée en barils à l'arrière de la cale, là où le navire est le plus stable. La réserve de poudre porte le nom de sainte Barbe, la sainte chrétienne qui protège de la foudre. Pendant les combats, les mousses sont chargés d'apporter les gargousses : petits sacs de laine ou de parchemin contenant la poudre nécessaire à chaque tir, pour chaque pièce, en fonction de son calibre.

L'art de servir le canon

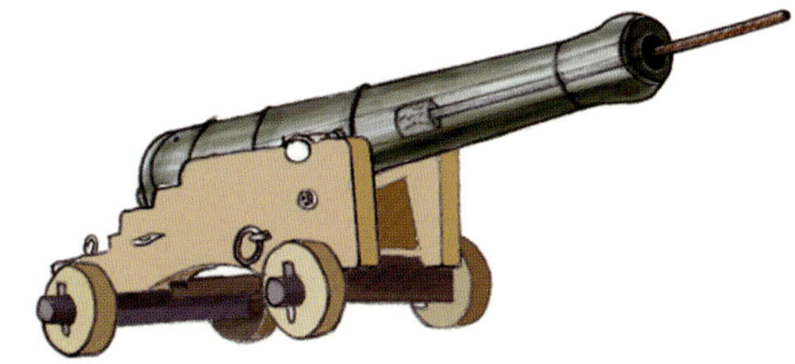

1. Enfoncer un écouvillon dans l'âme et tourner pour enlever les restes du tir précédent. Nettoyer aussi la lumière.

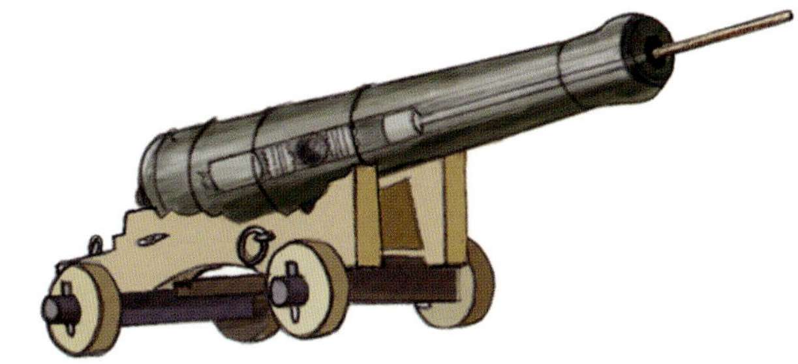

2. Placer la gargousse dans le tube, puis enfoncer un valet : vieux chiffon ou cordage pour bourrer et caler le boulet. Tasser (ou refouler) à l'aide du refouloir. Placer le boulet, ajouter un nouveau valet, refouler à nouveau.

3. Enlever la barre de bois qui bloque les roues de l'affût ; approcher la pièce du sabord. Pointer, c'est à-dire viser.

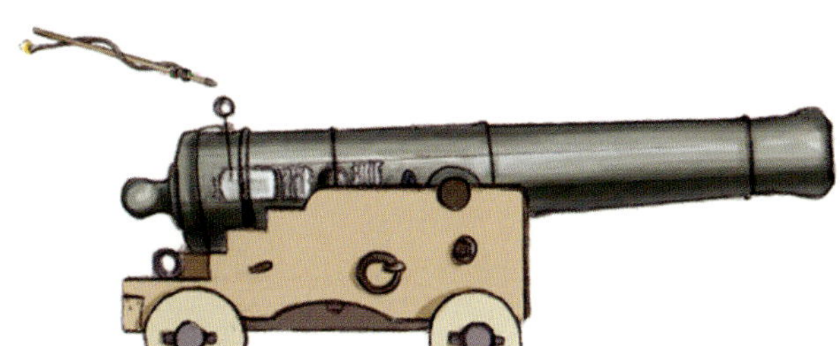

4. Percer la gargousse par la lumière à l'aide d'une pique appelée dégorgeoir. C'est là le rôle du chef de pièce, qui verse un peu de poudre d'amorce dans la culasse. À l'aide du boutefeu, allumer la poudre dans la culasse.

13 octobre 1541
Sous les frères Barberousse, Alger est la capitale de la course musulmane, et son port l'un des plus actifs de Méditerranée. Le roi d'Espagne Charles Quint l'attaque en 1541, mais l'expédition tourne au désastre. Il ne se risquera plus à affronter les barbaresques.

1545
Les Espagnols découvrent des mines d'argent sur la montagne du Potosi (Bolivie actuelle). À partir de 1556, ils utilisent un nouveau procédé à base de mercure pour extraire le métal du minerai. Dès 1560, 266 tonnes d'argent sont envoyées en Espagne par bateau !

1557
La ville de Macao (Chine) est fondée par des missionnaires et marchands portugais sur un territoire donné par l'empereur de Chine en échange de l'aide apportée contre la piraterie. C'est le plus ancien comptoir européen en Chine ; il restera portugais jusqu'en 1844.

1559
Francisco Diaz Mimoso, un espagnol habitant au Havre, choisit la nationalité française. À partir de 1559, il guide les navires français et pilote plusieurs expéditions aux Antilles, jusqu'au Honduras. Il est assassiné à Paris en 1567 sur ordre de l'ambassade d'Espagne.

À l'abordage !

La canonnade a cessé. Les navires sont bord à bord. Les pirates lancent des grappins dans la mâture de l'adversaire. Les plus hardis s'avancent sur le beaupré, qui sert de passerelle. D'autres, du haut des vergues et de la hune, lancent des grenades, nommées "feux d'artifice". Depuis le pont, d'autres encore couvrent l'abordage à l'aide du fameux fusil flibustier qui tire plus vite que les pistolets. Mais toutes les armes font l'affaire : mousquets, arcs et flèches et, pour le corps à corps, haches d'abordage, piques ou coutelas.

Un abordage vécu par un témoin

Un flibustier – sous les ordres de Monsieur de Fontenay, gouverneur de l'île de la Tortue (*voir p. 30-31*) – attaque, en 1658, un navire flamand au large du Río de La Plata (Uruguay). Suivi par treize hommes armés de haches et de grenades, il s'engage sur le pont de l'ennemi tandis que ses pierriers crachent de la mitraille, empêchant l'équipage adverse de se masser à l'avant.

Blessé de deux balles de mousquet, à la cuisse droite et à la main, il doit regagner son bord et se faire soigner par le chirurgien. Puis il rejoint ses compagnons qui jettent force grenades sur le château avant et réussissent à faire reculer l'ennemi. Le combat dure encore deux heures. Une balle de mousquet lui perce la jambe, la mitraille d'un pierrier lui blesse le pied, emportant sa chaussure. Il doit ramper jusqu'à la "boutique" du chirurgien. Tandis qu'il se fait panser à nouveau, des hommes envoyés en renfort gagnent le combat. Ils s'emparent au plus vite des canons, grimpent aux mâts pour saisir les pavillons, tandis que les marins flamands se sont réfugiés en fond de cale et demandent quartier.

1564
Les Turcs Ottomans assiègent l'île de Malte occupée par l'ordre religieux des Hospitaliers (appelés désormais Chevaliers de Malte), qui oppose une résistance acharnée. L'armée turque, décimée par les maladies, finit par se retirer.

1573
Guillaume Le Testu (1509-1573), cartographe et flibustier normand, meurt à Panamá en attaquant un convoi espagnol. Il nous laisse un atlas de 56 cartes, intitulé Cosmographie Universelle *(1556) ainsi qu'une mappemonde des terres connues en 1566* (voir p. 34).

Être chirurgien chez les flibustiers

Le jeune Alexandre-Olivier Oexmelin, de religion protestante, est âgé de 20 ans et rêve d'être chirurgien lorsqu'un édit du roi Louis XIV, en 1666, interdit cette carrière aux protestants. Désespéré, il s'embarque sur un navire de la Compagnie des Indes*, assuré qu'il pourra exercer son métier dans les colonies du Nouveau Monde. Jusqu'alors, il n'a guère entendu parler de la flibuste et il est loin d'imaginer ce qui l'attend.

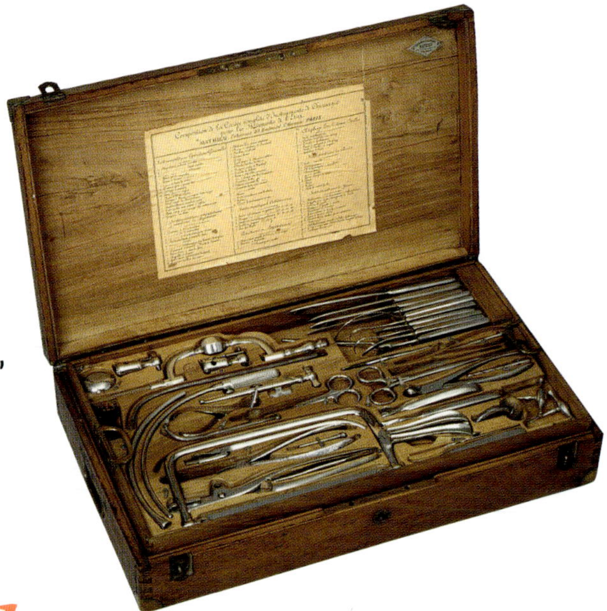

Au départ, le chirurgien reçoit 200 écus pour acheter remèdes et instruments. Lors d'une capture, il hérite du coffre du chirurgien adverse et a une part du butin comme les autres.

Une opération miracle

Après avoir été engagé comme ouvrier dans une plantation de l'île de la Tortue (*voir p. 30-31*) et avoir failli mourir de mauvais traitements, il embarque comme chirurgien sur *Le Dauphin*, dirigé par le capitaine flibustier Michel le Basque. Puis, en 1668, il est à bord du *Phoenix* sous les ordres de Bras de Fer. « C'est alors, raconte-t-il, qu'un coup de sabre espagnol entaille la nuque de Bras de Fer jusqu'à lui sectionner les tendons. » Alexandre utilise des nerfs de lamantin (un mammifère marin) pour les remplacer et fixe la tête de son patient sur une planche jusqu'à cicatrisation. L'opération réussit ; il en tire un grand prestige et une récompense de 50 écus.

Chirurgien…

En dehors de cet exploit, le quotidien est rude mais lui convient : à chaque combat, il soigne les blessés des deux partis. Installé dans un abri de toile sur un pont inférieur, il doit trancher dans les plaies, scier les os pour amputer, cautériser au fer rouge, anesthésier à l'alcool, tenter de stopper les hémorragies avec de la charpie (des brins de toile effilochée).

Lorsque les expéditions se déroulent à terre, il suit ses compagnons, transportant son coffre de chirurgien au gré des demandes. On le voit à nouveau sur *Le Dauphin* au moment où tous les flibustiers se rassemblent sous les ordres de Henry Morgan.

Le climat tropical entraîne des fièvres que le médecin ne sait pas soigner. Les capitaines quittant l'Europe pour l'Afrique ou les Antilles prévoient la perte d'un tiers de l'équipage. Au cours de la traversée, les morts sont immergés.

1569
Le géographe flamand Gerardus Mercator (1512-1594) invente un nouveau procédé de cartographie permettant de reproduire avec exactitude les contours des côtes sur de grandes distances.

1571
Bataille de Lépante. Une immense flotte de galères vénitiennes et espagnoles se heurte à 300 vaisseaux ottomans. L'éclatante victoire remportée par les chrétiens soulève l'enthousiasme en Occident et permet de réaliser que les Turcs ne sont pas invincibles.

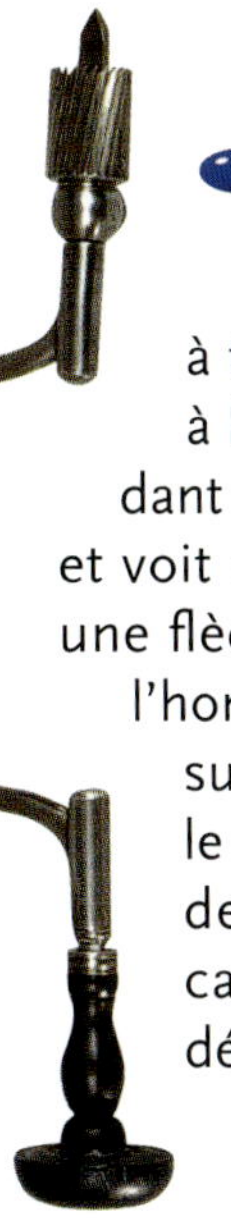

... et aventurier

Sa réputation de chirurgien est faite. Il pourrait s'installer à terre, mener une vie plus paisible. Mais non ! Il a mordu à l'aventure et ne peut s'en passer. En décembre 1669, pendant l'assaut de Maracaibo (*voir p. 33*), il officie sur le *Saint Pierre* et voit arriver un de ses amis qui perd abondamment de sang, une flèche fichée dans l'œil. Devant l'hésitation du chirurgien, l'homme se l'arrache lui-même. Oexmelin ne nous dit pas s'il survit à l'horrible blessure ! Quelques instants plus tard, c'est le commandant Bradley du *Mayflower* qu'on lui apporte, les deux jambes brisées par un boulet de canon. Sur les 400 flibustiers débarqués à Maracaibo, il y aura 110 morts et 80 blessés.

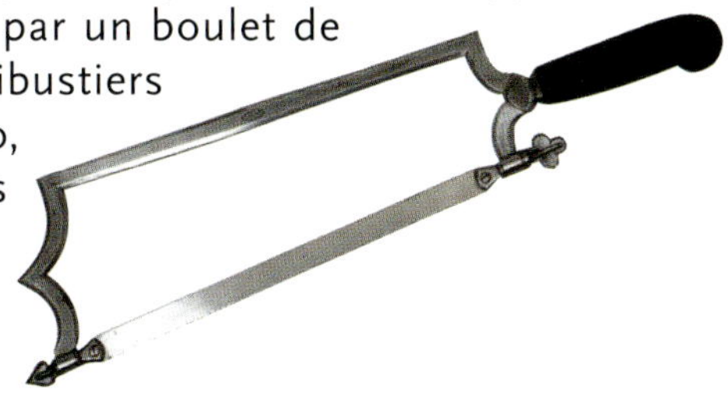

UN INSECTE QUI RONGE...

Dans La relation de voyage *du capitaine Fleury (1618-1620), l'auteur raconte les ravages de la chique, insecte qui pique la plante des pieds ou les orteils et creuse des galeries dans la chair. Les Indiens savent extraire l'insecte, puis ils nettoient la plaie avec du jus de tabac ou du goudron.*

Infatigable !

Alexandre-Olivier Oexmelin fait également partie de l'expédition de Panamá, et partage avec les flibustiers les épreuves rencontrées dans la forêt tropicale. Confronté comme les autres à la faim et à la soif, il se nourrit de sacs de cuir découpés en petits morceaux et rôtis sur le feu. Il en conclut d'ailleurs qu'à ce régime, on a peu de chance de devenir gras ! Le rare gibier, les chiens, les chats et quelques sacs de maïs laissés par des indigènes, leur permettront d'arriver à leur but.

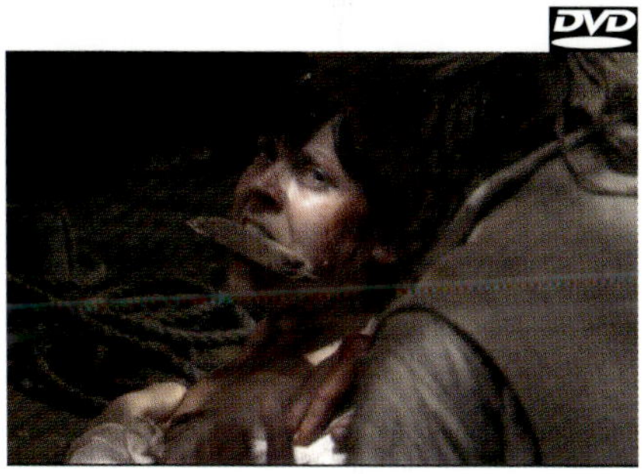

Observateur

Au milieu de toutes ces aventures, Oexmelin n'oublie pas d'observer les Indiens, leurs maladies et leur façon de les soigner : l'écorce de cinchona pour faire baisser la fièvre, l'immersion dans l'eau chaude contre la fièvre jaune, le fruit du cassier pour les purges, la salsepareille pour nettoyer les plaies... Il vante aussi la chair de tortue qui purifie le sang !

Rentré en France en 1697, Alexandre-Olivier Oexmelin complète ses mémoires qui remportent un énorme succès dès leur parution.

1577-1580
Le corsaire anglais Francis Drake se révèle grand explorateur et réalise le second tour du monde. Il découvre un nouveau passage vers le Pacifique au sud du continent américain, et pressent l'existence d'un continent austral (voir p. 27).

1580
Philippe II d'Espagne hérite du Portugal et ses armées envahissent le pays pour le soumettre de force. Cette période d'unification des deux royaumes dure jusqu'en 1640. Les Portugais, mal soutenus par l'Espagne, perdent une grande partie de leur empire économique.

Au jour le jour

On se trompe grandement si l'on imagine les équipages de flibustiers occupés à jouir du grand air et du climat des tropiques. En réalité, il faut sans cesse naviguer et entretenir le navire, préparer les armes et, surtout, consacrer un temps infini à la recherche de nourriture et d'eau.

Faire "aiguade"

Le problème de l'eau est lancinant. Au bout de quelques semaines, celle que l'on a embarquée est devenue jaunâtre, puante et remplie de larves. Pour l'assainir, on ajoute un filet de vinaigre, on la bat avec de la farine d'orge. Chacun essaie de récolter l'eau de pluie, mais les escales sont indispensables pour remplir des tonneaux d'eau fraîche. L'idéal est de trouver une source sur le rivage, sinon il faudra rouler les tonneaux dans la forêt ou remonter les rivières en canot jusqu'à trouver de l'eau pure.

À TABLE !

Les deux principaux repas sont le dîner, vers 10 h du matin, et le souper à la nuit tombante, vers 18 h. Pas de cuisine sans feu, il faut donc prévoir des corvées de bois aux escales. Le cuisinier, appelé coq, prépare les repas sur le pont, ou dispose d'une coquerie sur les gros navires. Lorsque l'eau douce manque, il fait cuire la viande déjà salée à l'eau de mer, et y ajoute de la bouillie de céréales.

Les distractions

Les jeux d'argent, les lancers de couteau sont théoriquement interdits. Disputes et règlements de compte doivent avoir lieu à terre ! À bord, les flibustiers jouent aux dés, font de la musique et parient sur les plus agiles à monter dans la mâture. Les équipages ont aussi des animaux de compagnie, en particulier des singes et des perroquets (*voir DVD, chap. 5 et 6*).

1581
Naissance des Provinces Unies (actuels Pays-Bas). Ces 17 provinces se révoltent contre l'Espagne à qui elles appartiennent et obtiennent leur indépendance après de sanglants conflits, où participent des corsaires et des pirates, surnommés les Gueux de mer (voir p. 15).

1588
Cette date est considérée comme "l'année miracle" pour les Anglais qui réussissent à démanteler l'Invincible Armada, une immense flotte de 130 navires que le roi d'Espagne Philippe II a rassemblée pour envahir l'Angleterre.

Pas facile de se nourrir

À côté des biscuits de mer, nourriture de base de tous les marins européens, les flibustiers apprécient la cassave, une sorte de pain ou de galette de manioc que fabriquent les femmes indiennes. Après avoir mangé les poules et les cochons embarqués et parqués sur le pont supérieur, il leur faut trouver de la viande fraîche. Lors des escales, les hommes chassent les tortues dont la chair fait de bons ragoûts, et aussi les lamantins (ou veaux de mer) qu'ils conservent dans le sel.

LE SCORBUT

Les flibustiers, qui séjournent dans les îles regorgeant d'ananas et de bananes, craignent peu cette maladie des longues traversées, due au manque de vitamine C contenue dans les fruits et les légumes frais. Le scorbut provoque des ulcères et des hémorragies et finit par entraîner la mort.

Vive le hamac !

Les marins des tropiques doivent aux Indiens des Antilles la merveilleuse découverte du hamac de coton, qui remplace les paillasses des siècles précédents. En mer comme à terre, ce mode de couchage est plus sain et moins encombrant. Sur les rivages infestés de moustiques, les marins allument des feux d'herbes sous leurs hamacs pour essayer de dormir en paix.

L'entretien des armes

Les canons, comme les fusils, doivent toujours être en état de fonctionner. Ils sont graissés avec du suif ; la bouche des canons est protégée par du liège. La poudre est tenue à l'abri de l'humidité.

1600
Amsterdam détrône Venise et devient le centre du commerce mondial. Les Hollandais sont très performants dans tous les domaines maritimes, en particulier la construction navale, et une grande partie des navires européens est fabriquée chez eux.

1602
Fondation en Hollande de la première Compagnie des Indes ou VOC (Verenigde Oostindische Compagnie) pour commercer avec l'Inde, l'Indonésie et les îles de l'océan Indien. Ses marchands soumettent les populations et créent un vaste empire économique et colonial.*

À l'assaut des villes !

Entre 1520 et 1680, Porto Rico est assaillie plus de douze fois. Cuba, Santiago et la Havane subissent sept attaques. On compte cinq assauts sur Campeche (Mexique) et trois à Carthagène (Colombie) dans la seconde moitié du XVIIe siècle. À travers ces chiffres apparaît un nouveau visage de la flibuste : de véritables armées capables de mener de très vastes opérations.

OR ET ARGENT

- *Doublon : pièce espagnole contenant environ 6 g d'or.*
- *Écu : monnaie française en argent équivalent à peu près à une pièce de huit*.*
- *Livre : monnaie de compte (et non d'échange) française. Il faut 3 livres pour faire un écu.*
- *Pièce de huit : monnaie espagnole valant 8 réaux et contenant 28,7 g d'argent, appelée aussi piastre.*
- *Réal : petite pièce d'argent espagnole.*

Chasse au trésor

Dès 1568, le corsaire Francis Drake (*voir p. 27*) va chercher l'or et l'argent à terre, et le pillage de la ville de Nombre-de-Dios (Mexique) lui rapporte un million de livres. Le même intérêt anime le flibustier Henry Morgan lorsqu'il vise Panamá, surnommée "la Coupe d'Or" car on y rassemble les richesses venues du Pérou. Peu à peu, les flibustiers deviennent des spécialistes des attaques terrestres, sources d'immenses profits. Et ils sont prêts à toutes les audaces pour parvenir à leurs fins.

Le prix à payer

Au pillage de la ville elle-même s'ajoutent la rançon des habitants et la revente des esclaves capturés. Il vaut mieux que le résultat soit mirifique car l'assaut coûte cher en vies humaines et en souffrances. Ainsi, par exemple, pour atteindre la ville de Panamá, située sur la côte du Pacifique, il faut deux semaines de marche harassante, pendant lesquelles les flibustiers affamés se transforment en explorateurs, traçant des pistes dans une forêt étouffante et marécageuse.

1618-1620
Voyage du flibustier français Charles Fleury. Parti de Dieppe avec trois navires, celui-ci rencontre des difficultés et passe onze mois chez les Indiens caraïbes. Cette aventure, relatée par un des passagers, offre un témoignage précis des premières expéditions des flibustiers.

1619
Les Anglais prennent pied sur la côte nord-ouest de l'Inde. La Compagnie anglaise des Indes orientales (East India Company), fondée en 1600 par la reine Élisabeth Ire, ouvre des comptoirs de commerce à Calcutta, Madras et Bombay.

Un coup de maître

En 1683, anglais et français se regroupent sous le commandement de deux capitaines hollandais, Laurent de Graaf et Van Horn, alliés au flibustier français Granmont. Ensemble, ils organisent l'opération la plus prestigieuse de la flibuste : l'attaque de Veracruz ! Dans ce port de la Nouvelle Espagne (actuel Mexique), l'argent des mines du Potosi est embarqué vers l'Espagne. Face à ces trois capitaines qui mènent 1 200 hommes décidés, la garnison de la citadelle oppose peu de résistance. Les flibustiers réunissent les notables dans la cathédrale et menacent de tout faire sauter si deux millions de piastres* ne sont pas immédiatement versés. En attendant la rançon, on pille la ville. Vite ! Car 17 navires espagnols approchent alors, appuyés par des troupes à terre. Les pirates doivent repartir vers l'île de la Tortue et la Jamaïque. Bilan de l'opération : 6 millions d'écus, et 200 000 autres pour la rançon des prisonniers, soit près de 800 pièces de huit* pour chaque homme. Une fortune qui donne envie de recommencer ! Après l'expédition de Veracruz, Van Horn et De Graaf s'entretuent à cause d'un navire que l'un a pris et que l'autre voulait : Van Horn est touché à mort.

La ville de Veracruz compte 3 000 hommes de garnison et 600 défenseurs dans la citadelle armée de 60 canons, qui contrôlent aussi bien la mer que la terre.

La mise à sac de Carthagène (Cartagena de Los Indias) en 1697.

Le chant du cygne

Attaquer Carthagène ! Cette fois, la décision vient du roi Louis XIV lui-même qui envoie le baron de Pointis en 1697. De son côté, Olivier du Casse, le gouverneur de la Tortue, reçoit l'ordre de compléter la flotte royale arrivant de France. 1 500 flibustiers se déclarent prêts, mais ne veulent obéir qu'à leur chef. Une fois sur les lieux, ils se révèlent indispensables, partent en éclaireurs, tracent des pistes dans la forêt et plantent le pavillon de France sur les murs de la ville. Lors du partage, l'injustice éclate : 120 000 livres pour les flibustiers sur les 7 millions récoltés. Du Casse est si outré qu'il demande réparation au roi… et l'obtient : 1,4 million supplémentaire est accordé. Mais ceux qui l'avaient mérité ont déjà disparu, vers la mort peut-être ou vers d'autres océans. En réalité, la grande épopée de la flibuste est en train de s'achever.

1620
Les pilgrim fathers, *des pèlerins anglais embarqués sur le* Mayflower, *débarquent en Amérique du Nord et fondent une colonie en Nouvelle-Angleterre. Cette fondation est considérée comme l'origine des États-Unis d'Amérique.*

1624
Les Hollandais obtiennent des Chinois le droit de s'installer à Taiwan. De là, ils s'allient aux pirates et aux contrebandiers pour s'emparer du commerce de la soie vers l'Europe. Mais, en 1662, le pirate Koxinga leur reprend l'île.

Le butin

Chez les flibustiers comme chez les corsaires, le butin officiel doit être remis au représentant du roi. Il y a aussi le petit butin – les objets personnels des vaincus, les cartes marines, la boisson... – immédiatement réparti entre les hommes d'équipage selon des règles établies au départ. Ensuite, il faut convoyer le navire capturé jusqu'au port de revente, le moins loin possible afin d'éviter les risques de reprise.

L'or et l'argent
Après les premières attaques du XVIe siècle, les Espagnols comprennent vite que les denrées précieuses doivent circuler en convois armés, et les bateaux contenant de tels trésors sont difficiles à prendre. C'est pourquoi les flibustiers se tournent vers les villes où s'entassent les richesses.

Le bois Brésil
Comme la cochenille, un petit insecte dont on extrait du rouge, ou l'indigo qui produit un beau bleu, le bois Brésil (qui a donné son nom au pays) est utilisé en teinture et très recherché en Europe. Vers 1580, il vaut une livre le quintal. Le bois de Campeche, également exporté, contient aussi un colorant rouge.

Perles et pierres précieuses
La région de Carthagène produit des émeraudes. Les îles de Cubagua et Margarita (Venezuela) possèdent des bancs d'huîtres perlières où les Espagnols font plonger des Indiens. Les flibustiers rôdent dans les parages, rêvant de saisir une cargaison…

1638-1715
Règne de Louis XIV. Le monarque absolu gouverne sans Premier ministre à partir de 1661, mais s'entoure de collaborateurs dévoués. Il mène de nombreuses guerres contre l'Europe entière, qui lui permettent d'agrandir le royaume de France.

1644
En Chine, les Mandchous chassent le dernier empereur Ming. L'agitation politique qui accompagne ce changement de dynastie favorise l'essor de la piraterie. Les empereurs mandchous font évacuer les zones côtières et s'emparent de Taiwan en 1683.

Barils de rhum

Fait de jus de canne à sucre fermenté et distillé, le rhum se répand lentement aux Antilles. Il n'est pas exporté vers l'Europe avant 1650. Comme le tabac et le sucre de canne, le rhum sert parfois de monnaie d'échange.

Le cacao

Le cacao, une fois sucré et transformé en chocolat, a un grand succès en Europe. Il est exporté et fait la fortune de la ville de Maracaibo. Jean Nau dit L'Olonnais (*voir p. 32*) capture un bateau entier de cacao, qui devient son navire amiral et qu'il nomme *La Cacaoyère*.

UN DIXIÈME POUR LE ROI

En principe, 1/10e du butin revient au roi, ou plutôt au gouverneur qui a la charge de le collecter (voir p. 36-37). *Il faut ajouter à ce pourcentage des frais d'expertise, d'enregistrement, de garde qui entraînent des démarches interminables. En réalité, le règlement est rarement appliqué. La vente et le partage ont lieu sans le gouverneur, à qui les flibustiers envoient un cadeau substantiel pour qu'il renonce à tout contrôle.*

Les esclaves noirs

Les flibustiers attaquent les navires de négriers et s'emparent des cargaisons d'esclaves pour les revendre. Les esclaves noirs sont considérés comme monnaie d'échange. Une charte-partie de 1709 mentionne que les marins estropiés à la suite des combats toucheront « 600 écus ou 6 nègres ». De même, les esclaves noirs sont comptés comme butin lors des attaques de villes.

1648

Le traité de Westphalie met fin au conflit religieux et politique qui a ravagé l'Europe pendant trente ans. Le protestantisme en Allemagne est définitivement reconnu ; l'Espagne accepte l'existence des Pays-Bas mais poursuit la guerre contre la France jusqu'en 1659.

1648

Les Anglais colonisent l'île d'Eleuthera, près de New Providence dans l'archipel des Bahamas, et la baptisent ainsi d'après un mot grec qui signifie "liberté". Ils tentent d'y établir une colonie fraternelle et égalitaire. Cette île devient un refuge pour les flibustiers.

Partage et retour

Entre 1660 et 1680, les expéditions à terre rapportent 200 à 300 pièces de huit* par homme d'équipage ; jusqu'à 800, après le pillage exceptionnel de Veracruz. Lorsque les navires rentrent à la Jamaïque ou à Saint-Domingue, l'on voit débarquer les flibustiers, épuisés, blessés, mais chargés de gros sacs qui attirent tous les regards.

Aussitôt, les cabaretiers, les marchands, les filles dans les tavernes se mettent en quatre pour les accueillir, et pour mieux grignoter leur trésor. Les héros se font faire de nouveaux habits avec collerettes et dentelles, achètent des dorures et des babioles, commandent des mets fins, des vins exquis, s'attardent chez les dames ou bien aux jeux. L'argent coule à flots et les prix flambent ; une bouteille d'eau-de-vie coûte jusqu'à 4 pièces de huit. Qu'importe ! Cette folie ne dure que quelques jours, bien nécessaires pour faire oublier la misère et la mort que l'on frôle si souvent. Les capitaines eux-mêmes croquent tout ce qu'ils ont gagné. Et si Laurent de Graaf, par exemple, réussit à s'installer confortablement, c'est surtout grâce à un beau mariage et à son statut de gouverneur de l'île aux Vaches (*voir p. 47*).

En réalité, les flibustiers n'ont guère d'autre choix que cette vie d'errance et d'excès. L'achat d'une petite plantation de canne à sucre coûte environ 20 000 livres, soit un peu plus de 7 000 pièces de huit. Combien de navires, combien de villes, faudrait-il piller pour qu'un simple marin puisse réunir pareille somme (*voir DVD, chap.5*) ?

Fiesta au Rat-qui-Pette,
taverne de l'île de la Tortue, de Gustave Alaux.

1655
Vauban (1633-1707), ingénieur et architecte militaire de Louis XIV, entreprend de garnir la France d'une "ceinture de fer". Il dresse des places fortes sur les côtes, telles que les citadelles de Blaye, La Rochelle, Brest, Rochefort, dotées d'arsenaux et de chantiers navals.

1659
Le traité des Pyrénées consolide la paix entre la France et l'Espagne, pays ennemis de longue date. Le roi de France Louis XIV épouse l'infante Marie-Thérèse d'Espagne et se pose comme l'arbitre de l'Europe.

1660-1731
Vie de Daniel Defoe. Cet écrivain anglais est l'auteur du roman Robinson Crusoé*, inspiré d'une histoire vraie. Il est presque certain qu'il a aussi rédigé, sous le pseudonyme de Charles Johnson, des récits très documentés sur les plus fameux pirates de son temps.*

1665-1676
Bertrand d'Ogeron est gouverneur de l'île de la Tortue et de la partie ouest de Saint-Domingue (voir p. 30-31)*. Il réside à Petit-Goâve, belle rade en eau profonde, dont il fait un centre de la flibuste française.*

Les corsaires du Roi-Soleil

Pendant ce temps, en France, règne Louis XIV. Le Roi-Soleil est un conquérant qui multiplie les batailles sur terre et reste bien ignorant des choses de la mer. Mais son ministre Colbert a bien compris qu'il vaut mieux posséder une marine de guerre face aux puissantes flottes des Hollandais et des Anglais.

Les avantages de la course

Construire des navires et former des officiers est une longue affaire qui coûte cher... et les caisses de l'État sont vides ! On encourage donc les entreprises privées. Madame de Montespan, maîtresse du roi, donne l'exemple en armant trois navires avec ses propres deniers. Dans les ports de Dunkerque, Brest ou Saint-Malo, des armateurs investissent dans la guerre de course. À condition que cela rapporte ! En 1692, l'amiral de Bretagne, qui reçoit un dixième des prises faites par les Bretons, touche 900 000 livres. De 1701 à 1714, les "capres" de Dunkerque – ainsi nomme-t-on alors les corsaires du Nord – capturent 1 614 navires pour la somme globale de 82 millions de livres !

Vauban, ingénieur militaire de Louis XIV à partir de 1655, entreprend d'édifier plus de 160 forteresses le long des frontières, ici celle de Brest.

Jean Bart et la flotte du blé

En cette année 1694, le peuple de France a faim. 120 navires chargés de blé venant des pays Baltes ne peuvent s'approcher, menacés par les Hollandais. Jean Bart (1650-1702) se voit confier une escadre de 7 vaisseaux avec ordre de les amener à bon port. Il trouve la flotte du blé aux prises avec 8 vaisseaux hollandais. Il faut attaquer. À 7 contre 8, le combat s'annonce rude. Jean Bart se réserve le *Prince de Frise*, navire amiral armé de 58 canons. Après d'habiles manœuvres sous le feu et la mitraille, voilà les deux navires agrippés l'un à l'autre. La bataille, terrible, est brève : 30 minutes plus tard, le pavillon hollandais est entre les mains de Jean Bart, et l'amiral, grièvement blessé, se rend. Les autres navires de l'escadre française agissent avec autant d'efficacité. Se voyant libéré, le convoi de blé reprend sa route. Trente bateaux atteignent Dunkerque sans encombre, les autres poursuivent jusqu'au Havre. Quelques jours plus tard, à Paris, le prix du blé chute de trente livres à trois livres le boisseau.

Malgré l'interdiction au capitaine de quitter son navire (ordonnance de 1689), Jean Bart se lance lui-même à l'abordage. Il revêt pour cela une redingote bleu nuit, une perruque et un chapeau à plumes. Il devient si rapidement célèbre que sa première biographie date de 1781.

1665
Louis XIV veut faire de l'île de Madagascar un poste avancé pour les navires de la Compagnie française des Indes orientales. L'afflux de richesses attire les pirates qui s'établissent en divers endroits de la côte.*

1674
Le corsaire dunkerquois Jean Bart (1650-1702) s'empare de sa première prise : un navire de pêche hollandais. Marin à 12 ans, il navigue en course comme capitaine à partir de 1672 et accumule plus de 50 prises pour le compte de la France entre 1674 et 1678.

Monsieur René

À Saint-Malo, la cité tout entière est corsaire ; les Malouins tiennent la mer et les Anglais en respect, depuis le sud de l'Afrique jusqu'à la Scandinavie. Parmi eux, un certain René Duguay-Trouin se fait remarquer dès 1691. Capitaine de corsaire à 18 ans, officier de la marine royale et capitaine de frégate à 24 ans, il a toutes les audaces et ses victoires ne se comptent plus. Son grand exploit est la prise de Rio de Janeiro (Brésil) en 1711, une gigantesque expédition organisée par ses amis : 17 bateaux, 738 canons, 5 867 hommes qu'il mène de main de maître. À son retour, on l'accueille comme un nouveau Jason rapportant une fabuleuse Toison d'or. Pourtant, à Saint-Malo, chacun continue de l'appeler simplement "Monsieur René".

Le 29 novembre 1693, les Anglais lancent contre la cité corsaire de Saint-Malo une effroyable machine infernale : un vaisseau de 23 canons bourré de poudre, mais l'explosion fait plus de peur que de mal.

La ville portugaise de Rio de Janeiro est située au fond d'une rade étroite protégée par des forts et 13 000 hommes. Mais l'escadre de Duguay-Trouin manœuvre si bien qu'elle force le barrage. Parmi les 3 200 Français qui débarquent, des flibustiers ont servi de pilotes.

« Le plus grand homme de mer de tous les temps »

Ce bel hommage, qui a été prononcé en 1713 devant la cour par René Duguay-Trouin, est dédié à Jacques Cassard, capitaine nantais, à la fois corsaire et officier du roi, qui a sauvé les Provençaux de la famine. De 1708 à 1712, Jacques Cassard, lui aussi, court à la rescousse des convois de blé attaqués en Méditerranée par les barbaresques (*voir p. 18-19*) ou les Anglais. Et lorsque son navire, troué par les canons ennemis et faisant eau de partout, regagne péniblement Marseille, il apprend que les autorités de la ville lui refusent le paiement de son aide. Dur métier que celui de corsaire !

UNE ÉVASION

Capturé le 12 mai 1694 par les Anglais, René Duguay-Trouin est enfermé à Plymouth où ses charmants sourires font grand effet sur la fille du geôlier, qui lui ouvre la porte ! Il ne lui reste plus qu'à trouver une barque et à ramer à travers la Manche jusqu'en Bretagne, où il débarque le 30 juin.

10 août 1678
Le traité de Nimègue (Pays-Bas) met fin à la guerre de Hollande (1672-1678) qui oppose la France à l'Espagne et à la Hollande réunies. La France y gagne l'Artois, la Franche-Comté et de nombreuses places fortes au nord du royaume.

1685
Louis XIV annule l'édit de tolérance religieuse établi par Henri IV (édit de Nantes). Il interdit la pratique du culte protestant, ordonne la démolition des temples et des écoles, exige le baptême des enfants. 300 000 protestants fuient vers les autres pays européens ou les colonies.

Le vent tourne et l'horizon s'élargit

Avec le traité d'Utrecht en 1713, c'est la fin de la longue guerre opposant l'Espagne et la France aux autres pays européens. Pour établir une paix durable, les souverains décident de nettoyer les côtes d'Amérique de tous ces bandits qui nuisent au commerce. Le vent a tourné pour les flibustiers...

Amnistie générale

Flibustiers, ils pillaient les navires ennemis en toute légalité ; les voici tout à coup hors-la-loi. Les gouverneurs leur proposent un reclassement dans la société, une amnistie effaçant tous leurs méfaits, parfois même une aide financière. Certains pourtant ne peuvent résister à l'appel du large et aux immenses profits. « Pirate, je vis dans l'abondance et le plaisir, déclare le capitaine Bartolomew Roberts. Je dispose de la force et de la liberté ; qui ne ferait comme moi, sachant qu'il ne risque guère qu'un mauvais moment, celui du nœud coulant qui chatouille la gorge ? »

Les "gentilshommes de fortune"

À cette époque, les meilleurs capitaines sont anglais. Issus de la marine royale ou marchande, ils sont restés – de gré ou de force – dans l'équipage pirate qui les a arraisonnés. Bartolomew Roberts (surnommé Black Bart) est ainsi capturé en 1720, puis élu chef à la mort du capitaine. Avec son *Royal Fortune* et 3 autres vaisseaux, soit plus de 500 hommes sous ses ordres, il fait 400 prises en deux ans et cache dans ses coffres 2 000 livres sterling de poudre d'or. Détestant les Français, il leur coupe volontiers les oreilles et va jusqu'à pendre le gouverneur de la Martinique en 1721.

Intercepté en 1722 par un vaisseau de guerre anglais, Bartolomew Roberts meurt, touché par un paquet de mitraille.

1686
Fondation de la Ligue d'Augsbourg : alliance d'une grande partie de l'Europe contre la France. La politique anti-protestante menée par Louis XIV réunit contre lui les pays protestants d'Europe. Corsaires et flibustiers au service de la France ont fort à faire.

1688-1697
La guerre de la Ligue d'Augsbourg (ou guerre de Neuf Ans) oppose la France, l'empire Ottoman et le Danemark à une coalition composée de l'Angleterre, de l'Allemagne, des Pays Bas et de la Suède.

UNE EXTRAORDINAIRE ODYSSÉE

William Dampier (1652-1715) est flibustier à la Jamaïque en 1674, puis embarque avec le capitaine pirate Swan vers la Chine et l'Indonésie. En mai 1688, abandonné sur les îles Nicobar, il réussit à gagner Sumatra avec un radeau à voile. Il rentre alors à Londres où il publie en 1697 son carnet de bord. Il reçoit la mission d'explorer l'Australie et la Nouvelle-Guinée. À son retour, il est condamné pour cruauté envers une partie de son équipage qu'il a abandonnée au Brésil et sur l'île de l'Ascension, découverte par Dampier en 1701. Chacune de ses trois grandes expéditions a fait l'objet d'une publication.

Des côtes mal protégées

Au début du XVIIIe siècle, on compte 5 000 pirates à New Providence (Bahamas). Avec 100 hommes par navire, cela fait 50 équipages prêts à foncer sur la première voile repérée. En face, les nouvelles colonies de l'Angleterre, les États d'Amérique, sont peu peuplées et mal défendues : seuls quatre navires font la police depuis New York jusqu'à Charleston, soit environ 2 000 km de côtes semées de baies et d'îlots propices à cacher des bandits. Le gouverneur de Caroline tolère la piraterie en échange de pots-de-vin, et le fameux Barbe Noire, n'ayant rien à craindre de lui, ne se gène pas pour rançonner la ville de Charleston en mai 1718. Il faut la ferme intervention du gouverneur de Virginie pour que le célèbre pirate soit pourchassé et pris. Barbe Noire finit par tomber après 25 blessures ! (*voir DVD*)

D'immenses périples

Dans l'océan Indien, aucune force navale n'est prête à résister aux pirates. Tous les mauvais coups sont donc permis. Mais que faire du butin dans ces régions où la civilisation européenne est à peine arrivée ? Les pirates manquent de tout approvisionnement et de marchands pour assurer la revente de leurs prises. Il leur faut revenir à New Providence ou à New York, où les gouverneurs ferment les yeux sur le contenu de leurs cales. Ils effectuent sans cesse de gigantesques parcours entre l'Amérique, la Guinée, Madagascar et le Brésil, montant parfois jusqu'à Terre-Neuve pour piller les cargaisons des bateaux de pêche.

Chargés de soie, d'épices, de camphre ou de porcelaine, les navires de la Compagnie des Indes rentrent en Europe par le cap de Bonne-Espérance et les côtes africaines, où les pirates sont aux aguets…*

Edward Teach avait vraiment une barbe noire « qu'il portait fort longue, nouée avec des rubans ou tressée en petites nattes » écrit le lieutenant Maynard qui réussit à le tuer en 1718. Au combat, le pirate allumait deux mèches au bord de son chapeau. Ainsi paré, il était sûr d'effrayer ses victimes.

10 juillet 1690
La bataille de Béveziers, pendant la guerre de la Ligue d'Augsbourg, oppose la flotte anglo-hollandaise à la marine française, qui aligne 75 vaisseaux, soit 28 000 hommes et 4 600 canons. La France gagne ; c'est la plus grande victoire navale du règne de Louis XIV.

1697
La paix de Ryswick (Pays-Bas) met fin à la guerre de la Ligue d'Augsbourg. Louis XIV doit rendre une partie des Pays-Bas. L'Espagne cède officiellement à la France la partie ouest de Saint-Domingue, ce qui permettra à celle-ci de devenir le premier producteur de sucre d'Europe.

Le pavillon noir

Qu'ils soient pirates ou non, les marins ont toujours communiqué à l'aide de morceaux d'étoffe. Pour le corsaire Jean Bart, en 1694, une flamme écarlate au grand mât donne ordre de canonner, tandis qu'un carré bleu au mât d'artimon signifie "abordage" ! À l'origine, les flibustiers arborent le pavillon blanc – la couleur royale – pour rappeler qu'ils sont commissionnés par le roi. Certains y ajoutent une flamme rouge, signe qu'on ne fera pas de quartier. D'ailleurs, le Jolly Roger, célèbre drapeau des pirates, viendrait du français "joli rouge".

Le pavillon noir apparaît avec les pirates de haute mer, vers 1700. Le premier connu, enrichi d'un sablier, est celui du capitaine français **Emmanuel Wynne** qui attaque le navire de ligne *HMS Poole*, devant l'île de Cuba. Le crâne et les tibias ne sont pas de son invention. Ils étaient déjà utilisés auparavant dans la marine comme symbole de mort.

Edward Low, capitaine pirate jusqu'en 1724, puis disparu mystérieusement, a placé un squelette au centre de son pavillon, sans doute pour illustrer l'effroyable cruauté avec laquelle il traitait ses prisonniers.

Bartolomew Roberts, capitaine pirate de 1720 à 1722, arbore un pavillon le représentant lui-même debout sur deux crânes avec les initiales ABH pour *A barbadian head* (la tête d'un habitant de la Barbade) et AMH : *A martinican head* (la tête d'un habitant de la Martinique). De quoi faire frémir la population de ces îles, qu'il n'aimait guère... on l'aura compris !

Sur son pavillon noir, **Thomas Tew** brandit un bras armé d'une dague. Après avoir pillé les côtes africaines, le capitaine Tew s'installe à Madagascar. Il termine tranquillement sa vie, jouissant de ses richesses à Rhode Island, près de New York.

1699
Découverte de mines d'or au Brésil. Le pays de l'Eldorado dont rêvaient les conquistadors et les pirates est enfin localisé ! L'exploitation se révèle vite rentable : 725 kg d'or en 1699, 9 000 en 1714, 20 000 en 1725. À ce nouveau trésor s'ajoutent des mines d'émeraudes et de diamants.

1700
Guerre de Succession d'Espagne : le roi d'Espagne Charles II, sans enfant, lègue son royaume au petit-fils du roi Louis XIV. Craignant une union de la France et de l'Espagne, l'Angleterre, le Portugal, la Hollande et l'Autriche se coalisent.

En 1718, le capitaine **Christopher Condent** fuit New Providence (Bahamas) pour l'océan Indien, amasse une fortune en s'emparant du navire portugais du vice-roi de Goa et s'installe sur l'île Sainte-Marie, au nord-est de Madagascar. Mais on prétend aussi qu'il aurait fini ses jours à Saint-Malo... Son navire arbore une flamme : une banderole longue et étroite terminée par une pointe, servant à identifier un bâtiment de guerre.

Le pavillon d'**Edward Teach**, alias Barbe Noire, capitaine de 1716 à 1718, montre un diable squelettique sur fond noir visant au harpon un cœur rouge. Pour chaque navire pirate, le pavillon est symbole de son identité et mieux vaut le jeter à la mer que de le livrer à l'ennemi (*voir DVD*).

Stede Bonnet, honnête habitant de La Barbade (Petites Antilles) devient pirate en 1717, écume les côtes américaines, s'associe quelque temps avec Teach et se fait arrêter peu après lui en octobre 1718. Il meurt sur le gibet.

Edward England, capitaine pirate jusqu'en 1723, est d'abord basé à New Providence (Bahamas). Puis il sillonne l'océan Indien avant de profiter d'une amnistie pour s'installer paisiblement à la Jamaïque.

LES FOURBERIES DES PIRATES...

La tactique d'approche nécessite quelques ruses. Ainsi, les pirates présentent d'abord le pavillon d'un pays neutre, ou celui du même pays que le navire poursuivi, puis déclenchent la surprise et l'effroi en hissant le pavillon noir une fois qu'ils l'ont rattrapé.

1703
Au traité de Methuen, le Portugal, épuisé par les corsaires hollandais et français qui harcèlent le Brésil, signent un accord commercial avec l'Angleterre. Les Anglais mettent ainsi un pied en Amérique du Sud.

1710
La fièvre de l'or au Brésil transforme Rio de Janeiro en une ville riche et convoitée. Une première attaque française est repoussée par les Portugais, mais le corsaire René Duguay-Trouin, l'année suivante, réussit à prendre et à rançonner la ville (voir p. 53).

Les escadres des pirates sont constituées d'un vaisseau amiral encadré par des sloops, petits navires légers à un mât et une dizaine de canons, capables cependant de traverser l'Atlantique ou l'océan Indien.

Lever le voile

Les pirates du début du XVIIIe siècle fascinent et terrifient l'Europe. Les nombreux articles des gazettes alimentent ce climat et dressent d'eux un portrait mirifique. Le capitaine John Avery aurait ainsi créé un empire et épousé une princesse indienne capturée sur un navire. En réalité, après avoir ratissé les côtes de l'Inde, le chef pirate regagne l'Angleterre avec un sac de diamants ; mais il se fait berner par des revendeurs et meurt dans la misère.

Qui êtes-vous, capitaine Johnson ?

En 1724 paraît en Angleterre un livre intitulé *Histoire générale des plus fameux pirates* d'un certain capitaine Charles Johnson. L'ouvrage connaît un succès foudroyant, est réédité maintes fois et est traduit en plusieurs langues. Pourtant personne ne sait rien de Charles Johnson ! Il faut attendre 1972 pour découvrir qu'il s'agit de Daniel Defoe, l'auteur de *Robinson Crusoé* (*voir p. 64-65*). Grâce à son excellente documentation, il nous fait découvrir Barbe Noire, Roberts, La Buse, Captain Kidd et bien d'autres. Il nous raconte aussi, d'après un manuscrit qu'on lui aurait confié, la vie du capitaine Misson qui voulut instaurer un paradis à l'autre bout du monde.

Libertalia

Le pirate français Misson et son second, l'Italien Carracioli, sont empreints d'idées révolutionnaires. Au nord-est de l'île de Madagascar, ils tentent de fonder une communauté où les hommes vivraient libres et égaux, quelle que soit leur race, leur origine ou leur religion. Misson libère les prisonniers sous serment qu'ils ne tenteront jamais rien contre lui, et leur rend ce qui leur a été pris. La colonie prend le nom de Libertalia, ses habitants sont les Liberi. Enrichie par des prises de navires, la communauté prospère... jusqu'à sa destruction par les malgaches des villages voisins.

Gravure datée de 1837 donnant une vision romantique de la vie des pirates à Madagascar.

1713
Traité d'Utrecht et fin de la guerre de succession d'Espagne. La France perd ses possessions au Canada, cède Terre Neuve et Saint Christophe (Antilles) à l'Angleterre, qui renforce sa puissance économique. Entre les deux pays, c'est le début d'un duel qui va durer plus d'un siècle.

1716
Après la guerre de succession d'Espagne, l'Europe est en pleine expansion économique. Les actes de piraterie nuisent à l'essor du commerce maritime. Louis XIV propose en 1716 une amnistie avec un délai de 2 ans, prolongé jusqu'en 1720 ; puis renouvelle son offre en 1723.

D'après les recherches historiques

Dès 1697, des pirates français, anglais et hollandais sont établis à Madagascar et sur la petite île de Sainte-Marie. Ils deviennent vite la cible des autorités car ils nuisent au commerce dans l'océan Indien. Les gouvernements interdisent à tout navire d'écouler leurs marchandises et la colonie de Sainte-Marie, privée de contacts, s'éteint peu à peu. Elle subit aussi la menace des indigènes, furieux contre certains pirates qui ont enlevé des Malgaches pour les vendre comme esclaves aux Antilles. En 1720, d'anciens flibustiers sont installés à Fort Dauphin, au sud de l'île, mais ils n'ont plus rien à voir avec ce qu'ils étaient jadis. Dépourvus de bateaux et de ressources, ils disparaissent bientôt.

LE STATUT DES NOIRS

Le capitaine Misson intègre des noirs à ses équipages et à la garnison de Libertalia ; la moitié de l'équipage d'Edward Content est composée d'anciens esclaves ; Roberts a pour assistant "le petit baron noir" et on compte 48 noirs sur les 128 marins du Royal Fortune *(voir DVD, chap. 2). La conduite des pirates reste ambigue car ils participent à la traite des noirs. D'après Charles Johnson, l'équipage de Roberts, ayant capturé un navire d'esclaves y mit le feu avant d'avoir libéré les hommes enchaînés.*

Des pirates ont parfois un grand cœur. Après la prise d'un navire en mer Rouge, l'équipage du capitaine White saisit à bord 500 dollars, ainsi qu'un gobelet et deux cuillers d'argent appartenant à deux enfants qui fondirent en larmes. Devant leur chagrin, les pirates rendirent les objets et leur offrirent 120 dollars.

Le dernier des forbans

Le fameux capitaine La Buse est l'un des derniers pirates de Madagascar. Originaire de Calais, Olivier Le Vasseur – tel est son nom de naissance – fait les cent coups du côté de New Providence. En 1718, il rejoint les pirates de l'océan Indien et s'établit tantôt à Mayotte tantôt à l'île Bourbon (actuelle île de la Réunion). Associé à Edward England, puis au capitaine Taylor, il s'empare de plusieurs navires appartenant à la Compagnie des Indes*. En 1724, ayant dédaigné l'offre d'amitié du gouverneur de l'île Bourbon, La Buse se cache à Madagascar, mais finit par tomber dans un guet-apens. Jugé et condamné, il meurt pendu à Saint-Denis, la capitale de l'île Bourbon, en 1730.

1717
L'anglais Woodes Rogers est nommé gouverneur des Bahamas et entreprend de nettoyer l'archipel des 2 000 pirates qui y séjournent. Il propose d'abord le pardon royal puis lance la chasse contre les récalcitrants. Barbe Noire doit quitter l'île de New Providence.

1719
Le livre intitulé La vie et les aventures étranges de Robinson Crusoé, *écrit par Daniel Defoe, paraît en Angleterre. Rédigé à la première personne, ce roman raconte les 28 ans de solitude du héros réfugié sur une île déserte.*

Des femmes à bord ?

« Aucune femme ne doit vivre à bord. Si un homme ayant séduit une femme l'introduit à bord sous le couvert d'un déguisement, il sera puni de mort. » Cet extrait du règlement établi par le capitaine Roberts et signé par son équipage est sans équivoque. Et pourtant, même si la plupart des équipages pirates n'acceptent pas les femmes à bord, de nombreuses exceptions viennent contredire cette règle.

Chez les flibustiers, le chirurgien Oexmelin raconte que les Frères de la Côte, ne voulant pas devenir rivaux à cause d'une femme, tirent à coup de dés celui qui épousera la belle.

Indispensables à terre

Au XVIIe siècle, afin de fixer les boucaniers et les nouveaux colons sur l'île de la Tortue, son gouverneur, Bertrand d'Ogeron, fait venir d'Europe des "cargaisons" de femmes : prisonnières, mendiantes, engagées, volontaires ou prostituées, qui sont vendues aux enchères sitôt débarquées. Un homme ne peut en acheter qu'une et pour toujours. Peu soucieux du passé, les flibustiers exigent d'elles la fidélité. L'un deux, ayant montré son fusil à sa nouvelle compagne, l'avertit : « Voilà qui me vengera de vos infidélités. Si vous me manquez, il ne vous manquera pas. » (*voir DVD, chap. 6*)

Un cœur bien trempé

C'est dans ce contexte que la bretonne Anne Dieu-le-Veult (1654-1710) épouse le flibustier Pierre Lelong. Devenue veuve, elle provoque en duel le célèbre capitaine Laurent de Graaf, qui lui aurait manqué de respect. Laurent, séduit par son tempérament, la prend pour femme en 1693 et l'emmène en mer avec lui. À chaque prise, elle reçoit même une part du butin et l'équipage estime qu'elle lui porte chance. Elle donne naissance à deux filles qui hériteront de la fortune du pirate.

Des femmes, blanches et noires, accueillent les flibustiers à leur retour d'expédition. L'aventurière anglaise Mary Carleton (1642-1673), qui purge une peine à la Jamaïque après avoir escroqué ses nombreux maris, est bien connue à Port-Royal.

1742
Jean-François Dupleix (1697-1763) est nommé gouverneur général des Établissements français de l'Inde. Grâce à ses victoires contre les Anglais, il étend le territoire français autour de Pondichéry. Après son départ en 1761, la ville sera rasée par les Anglais.

1748
La France remporte la victoire de Fontenoy contre la coalition anglo-autrichienne et se heurte aux Anglais dans les colonies, en Amérique et aux Indes. Louis XV sort vainqueur de cette guerre, mais le traité d'Aix-la-Chapelle, signé en 1748, ne lui rapporte rien.

Une femme de caractère

Charlotte de Berry, malgré son nom, est d'origine anglaise et ce Berry est un groupe d'îles dans l'archipel des Bahamas. Vers 1650, elle prend l'habit d'homme pour ne pas quitter son mari et navigue avec lui incognito. Lorsque ce dernier meurt des suites d'une punition, elle se venge en tuant le lieutenant du bord, puis se fait enlever par un capitaine marchand en route vers la Guinée. Révoltée par les conditions de vie de l'équipage, Charlotte prend la tête d'un groupe de mutins et le nom de "capitaine Rodolph". La voici devenue chef pirate ! Elle écume les mers des deux côtés de l'Atlantique et meurt en combattant.

Ching Shih (1785-1844) fut la femme la plus puissante de l'histoire de la piraterie. Elle eut sous ses ordres jusqu'à 2 000 navires.

Figures de légende

Deux femmes, une Anglaise et une Irlandaise, vont marquer l'histoire de la piraterie au féminin. Anne Bonny (v. 1697 -v. 1720), fille illégitime d'un riche bourgeois irlandais et d'une servante, aurait néanmoins pu faire un beau mariage. Mais elle tombe amoureuse d'un marin sans fortune qui l'emmène à la Jamaïque, où elle rencontre le capitaine Jack Rackam (dit Calico Jack). Dès lors, elle accompagne le chef pirate dans toutes les expéditions, où elle se bat avec grand courage. Les derniers mots qu'elle lance à son compagnon juste avant qu'il meure illustrent bien son caractère déterminé : « Il n'aurait tenu qu'à vous de combattre en homme, lui dit-elle lors de sa dernière visite en prison, ce qui vous aurait épargné d'avoir à mourir comme un chien. »

Rencontre entre deux intrépides

Habillée en garçon dès son jeune âge, Mary Read passe pour son frère mort auprès de la grand-mère qui lui paie une pension. Adulte, elle n'hésite pas à incorporer un régiment d'infanterie, puis à s'embarquer comme marin. Mais son navire est pris par le pirate Jack Rackam qui navigue avec sa compagne, Anne Bonny. Les deux femmes se lient d'amitié. D'après certains témoins à leur procès, elles ne portaient l'habit masculin qu'au moment des abordages et elles étaient alors chargées de ravitailler les artilleurs en poudre. Pourtant, le capitaine Johnson, dans ses récits sur les pirates, les décrit comme fort audacieuses : au moment de leur arrestation, elles auraient été les seules à résister alors que le reste de l'équipage s'était déjà rendu.

Parées pour l'abordage : selon Dorothy Thomas qui témoigna lors du procès d'Anne Bonny et Mary Read, les deux femmes pirates, lors des abordages, étaient vêtues d'une veste et d'un pantalon long, un foulard serré autour de la tête, la machette et le pistolet au poing.

1756-1763
La guerre de Sept Ans est le conflit majeur du XVIIIe siècle, opposant la France à l'Angleterre d'une part, l'Autriche à la Prusse de l'autre. De là est né l'Empire britannique, qui dominera le monde jusqu'à la fin du XIXe siècle.

1757
Les Chinois résistent à la domination commerciale des Européens. Dans le port de Canton, ouvert aux Occidentaux depuis 1689, le trafic est limité par un nouveau décret impérial.

Scène de fouet avec le fameux "chat à neuf queues".

Violences, mutineries, désertions...

De tout temps, sur toutes les mers, piraterie rime avec violence. Le sang coule, la mort n'est jamais loin. Mais le monde de la marine et de la guerre est tout aussi inhumain. Au XVIIe siècle, le capitaine anglais John Ward, marin de la Royal Navy, déserte au bout de deux semaines pour devenir pirate, puis corsaire chez les Barbaresques. Il évoque la vie atroce sur ces bateaux où l'on pouvait « rosser et tuer les hommes aussi librement que les pâtissiers le font avec les mouches ».

Violences et désertion

Aux XVIIe et XVIIIe siècles, sur les navires de guerre ou de commerce, la brutalité des capitaines envers les équipages semble sans limites : les coups et les humiliations, le manque de nourriture et d'hygiène s'ajoutent à l'extrême dureté du métier. Des milliers de marins choisissent de fuir ces conditions de vie atroces. Les déserteurs étant punis de mort, la piraterie devient leur dernier refuge. D'autres attendent que leur navire soit capturé pour s'intégrer de leur plein gré au nouvel équipage. Dans ce contexte, la violence des pirates face à la société est plus compréhensible.

Lors de son procès, le capitaine Kidd déclare que ses hommes se mutinaient souvent et avaient manqué de le fusiller dans sa cabine.

Les conflits se règlent à terre

L'article VIII du règlement du capitaine Roberts stipule que les « rixes et les batailles sont interdites à bord ». Elles ont lieu à terre, au pistolet. Le quartier-maître accompagne les adversaires et les place dos à dos. À son signal, c'est à qui tirera le premier. Si aucun n'est touché, l'affrontement continue au couteau et celui qui fait couler « le premier sang » est vainqueur. Malgré ce règlement, Roberts n'échappe pas non plus à la violence puisqu'il n'hésite pas à tuer un de ses hommes qui vient de l'insulter. Jones, le "matelot" du mort, s'étant révolté, Roberts manque de le tuer aussi, mais Jones réussit à le rouer de coups. Situation bien indigne d'un capitaine, fût-il de pirates ! Le marin reçoit pour punition deux coups de vergue par les membres de l'équipage : l'honneur du capitaine est sauf ! Il décide de déserter sur un brigantin de l'escadre avec 70 hommes. Une lourde perte pour Roberts.

1757
La Compagnie anglaise des Indes orientales entreprend la conquête des territoires sous contrôle français en Inde. La victoire de Plassey ouvre aux Anglais la domination du Bengale. C'est le début de l'hégémonie britannique aux Indes.*

1761
L'anglais Harrison invente une horloge de marine assez précise pour permettre le calcul de la longitude, la position à l'est ou à l'ouest d'un méridien 0. Avant ce grand progrès, le meilleur moyen de mesurer l'heure en mer est le sablier.

Le 31 avril 1789, les mutins de la Bounty, révoltés contre les injustices du capitaine Bligh, l'obligent à quitter le navire sur une chaloupe avec les 18 hommes qui lui sont restés fidèles.

Champion de toutes les cruautés

En 1722, le sinistre capitaine Low et son équipage prennent un vaisseau français, s'emparent de ses 34 canons, puis l'incendient après avoir attaché au mât le cuisinier qui leur paraît bien gras, et se réjouissent du spectacle. Un peu plus tard, un autre capitaine se voyant pris cache son magot dans un sac accroché au hublot de sa cabine. Cette petite ruse déchaîne la colère d'Edward Low qui lui coupe les lèvres et les fait rôtir, puis le tue de sa propre main, ainsi que ses 32 marins. Ce capitaine pirate particulièrement sanguinaire est entouré d'un équipage digne de lui. Un jour, un de ses hommes lui donne par mégarde un coup de couteau qui lui taillade le menton. Alors qu'il insulte le chirurgien maladroit qui le recoud, celui-ci lui donne un coup de poing qui rouvre la blessure : Low reste pendant plusieurs jours le visage dévasté !

PUNITIONS

Pratiquées dans la marine anglaise et française, les punitions peuvent être assimilées à des tortures et sont aussi utilisées chez les pirates. Ainsi pour la calle (ou cale), le fautif est hissé par les poignets jusqu'à la vergue du grand mât puis lâché dans l'eau, de 15 à 20 m de haut ; le choc très brutal peut lui briser les os. La grande calle consiste à faire passer le condamné sous la quille et de le hisser de l'autre côté. Au passage, il risque d'être assommé, de rester accroché et de se noyer. Enfin, la vie solitaire sur une île déserte punit le vol entre pirates, l'abandon de poste et la désertion (voir p. 64-65)*. C'est une pratique assez fréquente chez les Anglais.*

La géhenne

Pour savoir où est caché l'argent dans les cales des navires ou dans les caves des villes, les pirates, comme les flibustiers, « donnent la géhenne » à leurs prisonniers, c'est-à-dire qu'ils ont recours à la torture. Le feu, l'eau, la pendaison, le couteau, l'étouffement... ils ne reculent devant aucune pratique. Dans ce registre, le flibustier L'Olonnois est passé maître de l'horreur puisqu'il se plaît à torturer jusqu'à la mort, allant, dit-on, jusqu'à arracher le cœur d'un prisonnier pour le faire manger à un autre (*voir DVD, chap. 5*).

L'Olonnois fait subir la torture à un capitaine espagnol.

23 mars 1765
En France, une ordonnance royale crée le premier uniforme de marine. Avant cette date, les officiers s'habillaient comme bon leur semblait : chapeau à plume et jabot de dentelle n'étaient pas exclus. Que dire alors du costume souvent excentrique des pirates !

1768
Premier voyage dans le Pacifique du capitaine anglais James Cook (1728-1779). L'explorateur découvre et cartographie la Nouvelle-Zélande ainsi que l'Australie, qui deviennent des territoires anglais.

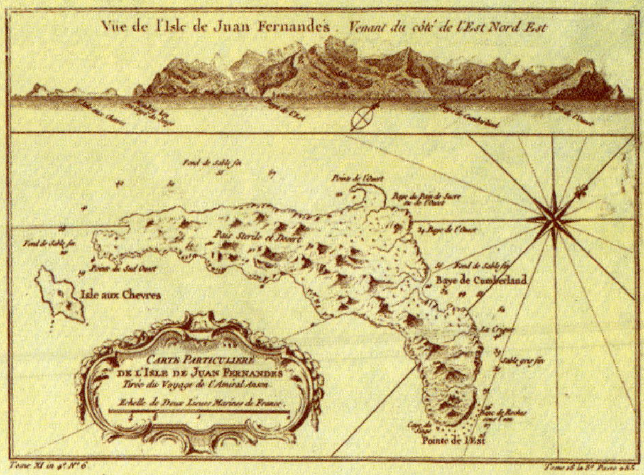

L'île déserte

En 1703, Alexander Selkirk embarque sur un navire corsaire donnant la chasse aux Espagnols le long des côtes du Pacifique. Il s'entend si mal avec son capitaine que celui-ci propose de l'abandonner sur une île de l'archipel de Juan Fernandez à 600 km du Chili, ou bien de le mettre aux fers jusqu'au prochain port où il sera jugé et sans doute pendu.

1770
Un négociant français, Pierre Poivre, introduit secrètement des plants de giroflier et de muscadier sur l'île de France et l'île Bourbon (océan Indien). Ces deux îles françaises produisent alors noix de muscade et clous de girofle, les deux épices les plus chères au monde.

4 juillet 1776
Les treize colonies anglaises d'Amérique du Nord s'unissent pour signer la déclaration de leur indépendance vis-à-vis de l'Angleterre. C'est la naissance des États-Unis d'Amérique, aussitôt en guerre contre l'Angleterre qui ne reconnaît pas leur existence.

Selkirk choisit la première solution et commence sa vie de solitude en septembre 1704, avec un équipement suffisant pour survivre. Lorsque des navires battant pavillon noir viennent mouiller dans la baie devant son campement, il se cache en attendant leur départ. Enfin, en janvier 1709, un navire de commerce anglais accoste. Le capitaine Wood Rogers l'accueille à son bord et le ramène en Angleterre. Peu après, l'écrivain Daniel Defoe s'inspire de cette histoire vraie pour mettre en scène le fameux Robinson Crusoé.

De tels cas ne sont pas rares et bien des naufragés, des mutins ou des pirates ont ainsi achevé leur vie loin de tout. D'autres ont été recueillis à temps. Ainsi, prisonnier des pirates en 1722, Philip Ashton réussit à s'échapper sur l'île de Roatan (golfe du Honduras) sans armes ni feu ni souliers. Il y survit neuf mois en mangeant des fruits et des œufs crus, jusqu'à l'arrivée d'un homme en pirogue qui lui donne du feu, de la viande et des outils. Cela lui permet de tenir jusqu'à ce qu'un navire anglais, le *Diamant*, le ramène à Londres.

1778
La France s'allie aux Congrès des États-Unis contre l'Angleterre. Le conflit s'étend sur la mer. L'Espagne et la Hollande apportent le concours de leur flotte. Vaincus, les Anglais signent en 1783 le traité de Versailles, reconnaissant l'indépendance des États-Unis.

1785-1788
Expédition autour du monde de Jean-François de Galaup, comte de La Pérouse (1741-1788). À la fois géographique, scientifique, ethnologique et économique, elle doit compléter les découvertes de James Cook, mais disparaît corps et biens à Vanikoro (îles Salomon).

Un peu plus loin vers l'Est

Depuis 1797, le redoutable Ching commande en Chine une confédération de pirates qui organise des razzias dans les villes et les villages de la côte, rançonne les habitants et pille les navires. Lassé de ces méfaits, l'empereur de Chine lui propose en 1802 un poste honorifique qu'il accepte, et pour lequel il délaisse ses amis pirates. Ceux-ci se vengent en lui offrant un délicieux plat de... chenilles empoisonnées !

Le dragon à six têtes

Après la mort de Ching, son épouse Mme Ching Shih (*voir p. 61*), accompagnée de leur fils adoptif Chang Pao, remplace son mari à la tête de l'énorme confédération : six escadres de 10 à 40 jonques chacune, reconnaissables aux couleurs de leur pavillon (rouge, vert, jaune, noir ou violet). La dernière, qu'elle dirige personnellement, porte l'effigie du dragon. Les chefs d'escadre lui sont totalement soumis et font appliquer le règlement de fer qu'elle a établi. Ainsi, un déserteur aura les oreilles coupées en public et sera mis à mort s'il récidive ; le butin est équitablement partagé, mais les 8/10e sont réservés au fonds général et celui qui vole est également puni de mort ; les relations avec les femmes captives sont interdites et ceux qui sont pris sur le vif sont jetés à la mer, enchaînés par les pieds.

Au XVIIIe siècle, la principale base de la piraterie et de la contrebande est Canton, une ville flottante de 80 000 jonques, le seul port ouvert aux Européens depuis 1757.

VOIR L'HISTOIRE

31 avril 1789
L'équipage de la Bounty, sous la direction du second Fletcher Christian, se mutine contre le capitaine Bligh (voir p. 63). Pour échapper à la peine de mort qui les attend en Angleterre, les mutins se réfugient sur l'île de Pitcairn (Pacifique), où ils finissent leurs jours.

20 juin 1789
Les députés du tiers état réunis à Versailles jurent qu'ils ne se sépareront qu'après avoir donné une constitution à la France. C'est le serment du Jeu de Paume et le début de la Révolution française.

La puissance du dragon

La confédération s'enrichit en pillant les navires marchands, y compris les navires européens, et en revendant comme esclaves les captifs des razzias. Lorsqu'elle capture des Européens, elle les oblige à lui enseigner le maniement des armes modernes. Sa puissance est telle, que le gouvernement impérial est menacé, mais les jonques bien armées sont imprenables. Une bataille mémorable, en janvier 1808, consacre l'éclatante victoire du Dragon, qui s'empare de nombreux navires. Sa flotte s'élève désormais à 2 000 bâtiments ; parmi les capitaines, on compte quelques femmes redoutables. Néanmoins, en 1810, Mme Ching Shih, se décide à abandonner la piraterie. Ayant demandé et obtenu l'amnistie, elle se retire à terre et vivra encore une trentaine d'années (*voir p. 61*).

Pirates depuis toujours

La piraterie en Asie du Sud-Est n'est pas née au XIXe siècle. Bien au contraire, elle existe depuis des milliers d'années dans cette partie du monde remplie d'îles et de détroits qui a été de tout temps un lieu de passage entre l'Orient et l'Occident, entre l'Inde, la Chine et le Japon. À partir du XVIe siècle, l'arrivée des Portugais et des Hollandais complique encore la situation. Les Européens, qui viennent jusqu'en Chine acheter la soie, le thé et la porcelaine, arrivent avec des bateaux chargés d'argent et sont la proie des pirates. Mais les Européens sont aussi armés de canons et veulent imposer leur loi. En 1683, le général chinois Koxinga doit demander l'aide de pirates pour chasser de Taiwan les Hollandais qui veulent dominer le commerce de la soie.

Les jonques de haute mer sont dotées de 4 à 6 mâts et de voiles tendues sur des bambous. Ici, celles de Chui Apoo attaquant un navire anglais.

MI-PIRATE MI-DÉMON

Vers 1850, le pirate américain Eli Boggs est basé à Hong-Kong et opère le long des côtes chinoises, se jetant sur les précieuses cargaisons d'opium. Sa cruauté est légendaire : il découpe un jour un marchand en morceaux, qu'il distribue aux différentes administrations afin de leur montrer de quoi il est capable. En 1857, sa jonque étant détruite, il nage jusqu'au rivage où il se défend comme un diable, mais se fait arrêter. Il meurt vraisemblablement en prison.

Les pirates mettent en péril le monopole anglais sur le commerce de l'opium. Issu d'une plante d'Inde, l'opium est à la fois un remède contre la douleur et une drogue, que les Anglais diffusent en Chine en y développant son commerce. Les pirates chinois ripostent et attaquent les bateaux anglais qui transportent l'opium.

Dernière bataille

Au XIXe siècle, malgré le démantèlement de l'énorme Dragon, la piraterie se porte bien. Le grand capitaine Shap'n'gtzai et son allié Chui Apoo possèdent la plus importante flotte pirate d'Extrême-Orient. Ils s'attaquent aux Anglais qui monopolisent le commerce de l'opium et s'installent à Hong-Kong à partir de 1843. Ceux-ci ont des navires à vapeur, rapides et puissamment armés, qui ne dépendent plus du vent pour manœuvrer. En 1849, ils rattrapent la flotte des pirates à l'embouchure de la rivière de Haiphong (aujourd'hui Nord Vietnam) et bombardent toutes les jonques.

4 août 1789

La Révolution s'étend à travers le royaume de France. Dans la nuit du 4 août, les droits seigneuriaux et les privilèges sont abolis. Le 26 août, la Déclaration des Droits de l'homme et du citoyen est votée.

1792

L'assemblée déclare la patrie en danger. La France entre en guerre contre l'Autriche et la Prusse. Les défaites sont nombreuses et l'ennemi menace Paris. La victoire de Valmy en septembre 1792, puis celle de Fleurus en 1794, écartent le danger d'invasion.

Les corsaires aussi prennent le large

Le 7 octobre 1800, dans l'océan Indien, le navire anglais le *Kent*, fort de ses 437 hommes et de ses 40 canons, s'apprête à affronter *La Confiance*, un petit corsaire français deux fois moins armé que lui. L'Anglais envoie un coup de semonce, croyant intimider l'ennemi. Quelle surprise lorsqu'il voit l'équipage monter à l'assaut, guidé par la vigoureuse silhouette de Robert Surcouf ! Mêlée, corps à corps, coutelas et sabres, mitraille et grenades… Le capitaine anglais est tué net et le *Kent* se rend sans tarder.

Doté d'une haute taille et d'une solide charpente bien enveloppée, Surcouf est volontiers surnommé le "Gros Robert".

Le grand Surcouf (1773-1827)

Quel triomphe au retour sur l'île de France (aujourd'hui l'île Maurice) ! Car le *Kent* contient des barils d'or. Robert Surcouf n'est pas à son premier essai. Originaire de Saint-Malo, il court contre l'Anglais depuis qu'il a 13 ans. À partir de 1795, entre Sumatra, le golfe du Bengale et l'île Bourbon, il joue si adroitement du canon, du sabre et du pistolet, qu'il prend en peu de temps 47 navires à l'ennemi. Mais c'est sa victoire sur le *Kent* qui le rend célèbre.

Surcouf attaquant le Kent *de la Compagnie des Indes au large de l'île de France. L'officier du* Kent *aurait déclaré : « Nous, Anglais, nous nous battons pour l'honneur, et vous les Français, pour l'argent ! » Surcouf aurait répondu : « Chacun se bat pour ce qui lui manque. »*

1796
François Dominique Toussaint Louverture (1743-1803), ancien esclave noir de Saint-Domingue dirigeant la Révolution sur l'île, y abolit l'esclavage. D'abord nommé gouverneur par les autorités françaises, on l'oblige à capituler en 1801 en lui envoyant l'armée.

1799
Napoléon Bonaparte, général des armées révolutionnaires, remporte de nombreuses victoires et prend le pouvoir par la force. S'étant proclamé lui-même empereur en 1804, il cherche à conquérir les pays voisins. Le conflit, terrestre et maritime, s'étend à toute l'Europe.

Le grand large

La carte du monde a changé. Les Européens ont conquis de nouvelles parties du globe dont ils tirent profit. En 1782, les Anglais ont perdu leurs colonies d'Amérique, mais en créent d'autres en Extrême-Orient. Là-bas, à plusieurs mois de bateau de l'Europe, s'ouvrent de nouveaux champs de batailles. Les corsaires français y chassent les navires anglais de la Compagnie des Indes* qui regagnent Londres chargés de produits orientaux.

Évolution des techniques

Les corsaires français sont les champions de l'abordage. Les Anglais, qui en subissent les conséquences, cherchent à transformer la coque des navires : au lieu d'être verticale au-dessus de l'eau, elle devient bombée. Ainsi, lorsque deux bateaux sont bord à bord, les ponts sont éloignés l'un de l'autre et l'abordage est plus difficile. L'artillerie prend la première place et ses ravages sont terribles. En 1756, le corsaire Pierre Bart, neveu de Jean Bart (*voir p. 52*), est aux prises avec deux vaisseaux anglais. Un boulet de canon lui sectionne les jambes. Son serviteur le pose dans un tonneau de son, fine pellicule qui enveloppe les grains de blé et se colle à la plaie pour contenir l'hémorragie. Hélas, le blessé meurt peu après. Aussitôt son fils le remplace, mais il tombe à son tour, déchiqueté par l'artillerie adverse.

Pirates ou corsaires ?

Capitaine anglais d'un navire marchand, John Paul Jones (1736/1747 - 1792) tue un marin lors d'une mutinerie et s'enfuit en Amérique afin d'éviter la prison. Pour les Anglais, il est hors-la-loi. En 1775, lorsque la guerre d'Indépendance des colonies américaines éclate, Jones se révèle un corsaire héroïque contre l'Angleterre. Au passage, il pille pour son propre compte, dévalise les ports et les châteaux, puis disparaît en laissant un mot d'excuse ! Quant au Français Jean Lafitte (1774 - 1826/1858), trafiquant d'esclaves et pirate aux Caraïbes, il règne sur le minuscule royaume de Barataria qu'il a créé près de la Nouvelle-Orléans. Il approvisionne la ville grâce à son butin et aux produits de contrebande. Il devient très populaire lorsqu'il arme ses bateaux pour défendre les colonies américaines lors de la guerre de 1815 contre l'Angleterre. La guerre passée, il continue ses "affaires" au Texas et à Cuba, amassant un trésor considérable que certains continuent de chercher dans les bayous de Louisiane.

L'Écossais John Paul Jones devient l'allié de la France contre l'Angleterre.

EN CHANSONS

Le Grand Coureur, *cet air que l'on fredonne encore sur les quais et dans les tavernes, raconte les aventures d'un corsaire malchanceux.*

« Le corsaire le Grand Coureur
Est un navir' de malheur.
Quand il se met en croisière
Pour aller chasser l'Anglais,
Le vent, la mer et la guerre
Tournent contre le Français !
Allons les gars, gai, gai...
Allons les gars gaiement ! »
[Après avoir perdu son mât dans une tempête, il fallut remâter ; puis il rencontre enfin un navire anglais.]
« Ses boulets pleuvent sur nous,
Nous lui rendons coup pour coup.
Pendant que la barbe en fume
À nos braves matelots,
Dans un gros bouchon de brume
Il nous échappe aussitôt !
Allons les gars... »

Chanson de forban
Considérée comme venant du bagne de Brest, cette chanson n'est pas datée précisément. Le bagne, quant à lui, a été construit en 1752.

« À moi, forban, que m'importe la gloire,
les lois du monde, et qu'importe la mort ?
Sur l'océan, j'ai planté ma victoire
et bois mon vin dans une coupe d'or.
Vivre d'orgie, c'est ma seule espérance,
le seul bonheur que j'ai su conquérir.
Si sur les flots, j'ai passé mon enfance,
c'est sur les flots qu'un forban
doit mourir ! »

Jean Lafitte, contrebandier, négrier, corsaire de la résistance américaine contre l'Angleterre, est aussi l'un des derniers pirates.

1802
Charles Decaen, nommé capitaine général des Établissements français de l'Inde, se retire sur l'île de France et encourage la guerre de course contre les Anglais. Robert Surcouf remporte de brillants succès, mais l'île de France succombe à l'assaut des Anglais en 1810.

1803
La colonie française de la Louisiane, découverte par l'explorateur Cavelier de la Salle en 1682, est vendue par Napoléon aux Américains pour 15 millions de dollars. En 1812, elle devient le 18e État américain.

Face à la justice

« Je suis un prince libre et j'ai autant de droit à faire la guerre au monde entier que celui qui a cent voiles sur la mer et cent mille fantassins sur la terre », déclare le pirate Samuel Bellamy qui s'en prend aux bourgeois, aux armateurs, aux juges et aux officiers de la Navy. « Ils osent nous traiter de haut, ces forbans, quand la seule différence entre nous, c'est qu'ils volent le pauvre sous le couvert de la loi et que nous pillons le riche sous la protection de notre seul courage. »

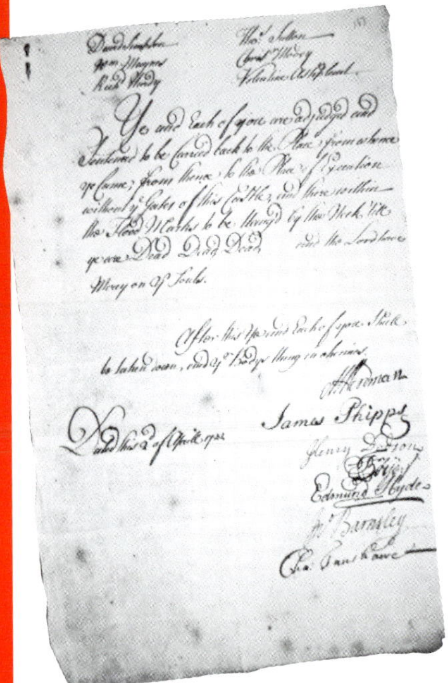
You and each of you are adjudged and sentenced to be carried back to the Place from whence you came; from thence to the Place of Execution without the Gates of this Castle, and there within the Flood Marks to be hung by the Neck till you are Dead Dead Dead, and the Lord have Mercy on yr Souls.

James Phipps

Lettre de condamnation à mort, 1722.

À QUI LA FAUTE ?

En 1703, la Navy, la marine anglaise, compte 53 785 hommes, et seulement 6 240 en 1717. Elle a donc démobilisé près de 50 000 hommes, qui savent se battre et naviguer et n'ont guère d'autre choix que de continuer leur métier dans l'illégalité. En réalité, plus de 90 % des pirates viennent de la Navy.

Princes de la mer ou bandits de la pire espèce ? Les deux, mon capitaine !

Ces paroles, rapportées dans le livre de Charles Johnson, expriment les rêves de puissance et de liberté chers aux pirates. Cependant, elles ne doivent pas faire oublier que la plupart d'entre eux cherchaient d'abord à s'enrichir. Certains, après quelques bonnes prises, ont su profiter des amnisties offertes par les gouvernements et se sont confortablement installés dans la société, vivant en toute impunité de l'argent dérobé. D'autres ont joué jusqu'à la mort.

La chasse commence

Les colonies sont florissantes. Le commerce international a besoin de paix. La chasse aux pirates s'installe, malgré les hésitations de certains gouverneurs. Jack Rackam, qui sévit dans les Caraïbes et les Bahamas depuis 1718, refuse la grâce royale que propose le gouverneur Woodes Rogers sur l'île de la Providence. Il continue de plus belle ses attaques du côté de Saint-Domingue et de la Jamaïque. Poursuivi par le capitaine Barnet, il est pris le 16 novembre 1720. Jugé par la cour de l'amirauté, il est pendu le lendemain. Edward Teach, Bartolomew Roberts, le capitaine Kidd et des centaines d'autres connaissent un sort funeste (*voir DVD, chap. 11*).

« Tes crimes te valent le trépas. À la corde demain, tu te balanceras », a écrit un des marins du capitaine Bellamy dans une pièce de théâtre dont il était l'auteur.

1805
Bataille navale de Trafalgar. La flotte anglaise de l'amiral Nelson se heurte à la flotte française devant Cadix (Espagne). Mal commandés, les Français perdent la moitié de leurs navires. Cette défaite enlève à Napoléon tout espoir d'envahir l'Angleterre.

1807
La traite des noirs est interdite par l'Angleterre ; elle le sera par la France en 1815. Malgré cette loi, des bateaux négriers continuent le trafic d'esclaves. En 1789, la population de Saint-Domingue comptait 525 000 habitants dont 465 000 esclaves.

Étrange destin que celui du capitaine Kidd

D'abord corsaire aux Antilles, il a si bonne réputation que le gouverneur de la Barbade lui confie un bateau pour chasser les pirates. William Kidd part, muni d'une commission royale, vise Madagascar puis les côtes de l'Inde, mais aucune capture ne vient couronner ses efforts. L'argent manque, l'équipage s'impatiente, les armateurs sont mécontents. C'est là que tout bascule : Kidd se met à pirater, multiplie les mauvaises prises, se heurte à des mutineries, tue un de ses marins. De retour à la Barbade, il est aussitôt enfermé puis envoyé à Londres. Accusé de piraterie, de vol en haute mer et de meurtre, il est exécuté en 1701 (*voir p. 62*).

Les corps des pirates pendus sont exposés pour l'exemple ; ceux de William Kidd et de 4 de ses compagnons resteront plusieurs années dans ces cages de fer.

La danse de la corde

Stede Bonnet, condamné en 1718, a si peur qu'il s'évanouit le jour de son exécution. La foule émue réclame sa grâce auprès du gouverneur de Virginie, qui ne l'accordera pas. « Le gibet n'est pas une peine trop sévère, déclare Mary Read lors de son procès la même année, si elle n'existait pas, tous les coquins du monde se feraient pirates et infesteraient les mers. » Condamnée à la pendaison, elle est épargnée car elle est enceinte. Peut-être même aurait-elle survécu si elle n'était pas morte d'une de ces fièvres que l'on attrapait si facilement dans les prisons.

Inventés par les Anglais en 1778, les pontons sont d'horribles prisons flottantes en rade des ports, dans les estuaires et les vasières.

Pires que la mort ?

Les plus effroyables prisons sont les pontons anglais ancrés au large des ports afin que toute évasion soit impossible. Les conditions de détention y sont atroces. Les prisonniers paient aux gardiens la nourriture et la lumière, et celui qui n'a rien meurt dans les plus brefs délais. Les corsaires, qui ne risquent pas la pendaison, croupissent dans les pontons en attendant d'être échangés contre une rançon ou un prisonnier du camp adverse. Jacques Broquant, corsaire français (1771-1861), y séjourne sept ans pendant lesquels il tente 19 fois de s'évader.

1815
Le commerce maritime des États-Unis est en pleine expansion. Les chantiers navals de Nouvelle-Angleterre, les premiers du monde, lancent les clippers, des voiliers atteignant 20 nœuds (soit 37 km/h) pour transporter des cargaisons légères et précieuses comme le thé.

1815
Au congrès de Vienne, les pays européens victorieux se réunissent pour redéfinir la carte de l'Europe. Ils annulent la plupart des transformations apportées par les guerres de Napoléon. Ce congrès consacre la défaite de la France.

Où est caché le trésor ?

Le butin de Montbars l'Exterminateur – de quoi remplir une chaloupe en joyaux et pierreries – serait enfoui dans l'île de Saint Barthélemy (Guadeloupe), « entre l'anse du gouverneur et celle de la grande saline, à 38 pieds d'un rocher marqué de trois traits ». Le capitaine Kidd aurait caché le sien sur l'île d'Anguilla (Petites Antilles) ou celle de Gardiner, près de New York. Quant à Barbe Noire, il a déclaré que seul le Diable partageait son secret !

1821
Napoléon Bonaparte meurt sur l'île de Sainte-Hélène (Atlantique sud) où il est emprisonné par les Anglais après la défaite de Waterloo (1815). Trois millions de soldats français ont été enrôlés dans les guerres napoléoniennes ; un tiers d'entre eux y sont morts.

1842
Le traité de Nankin met fin à la première guerre de l'opium. Les Anglais, qui produisent de l'opium en Inde, le vendent en Chine où la drogue fait des ravages. Lorsque l'empereur tente de refuser ce marché, les Anglais bombardent Canton, obligeant la Chine à capituler.

À vos pioches !

Le fameux La Buse (*voir p. 59*) a appâté les chercheurs de trésors pour des siècles... Le 7 juillet 1730, il jette un papier griffonné à la foule qui assiste à son exécution. Il aurait déclaré avant de mourir : « Avec ce que j'ai caché ici, j'aurais de quoi acheter l'île toute entière. » On se demande alors pourquoi il vivait si modestement lorsqu'il s'est fait arrêter.

Et si l'île au trésor existait vraiment...

Il en est une près de Costa Rica, l'île del Coco, qui contiendrait non pas un trésor, mais trois : celui du flibustier Davis, d'un autre nommé Thompson, et enfin celui du pirate Bennet Graham. En 1854, après la mort de ce dernier, sa veuve serait venue fouiller le terrain, en vain. Depuis, les recherches continuent...

Et ailleurs ?

En réalité, des trésors dorment sous les mers, engloutis dans les naufrages avec les bateaux qui les transportaient. Galions de la flotte de l'or, navires de la Compagnie des Indes*, les épaves retrouvées livreront tôt ou tard leurs secrets. Les bateaux pirates, eux aussi, sont étudiés avec soin. Le *Whydah* du capitaine Samuel Bellamy, coulé en 1717 au large de la Nouvelle-Angleterre et fouillé à partir de 1984, ne contenait que 8 000 pièces de huit*, soit 216 kilos d'argent, ce qui ne représente pas une fortune. Mais les objets trouvés à bord ont été rassemblés dans un musée passionnant.

1848
Les Anglais lancent le Great Britain, *premier navire en fer, à vapeur et à hélice, capable d'effectuer des grandes traversées en haute mer. Cette innovation technique marque la fin de la marine à voile.*

1856-1860
La seconde guerre de l'opium oppose la Grande-Bretagne, puis la France et la Russie à la Chine qui perd ce conflit. Les vainqueurs y gagnent la liberté de commercer et l'autorisation d'emmener de la main-d'œuvre chinoise pour remplacer les esclaves récemment affranchis.

Littérature, légende et réalité

Le 2 janvier 1814, le poète anglais Lord Byron publie à Londres un livre intitulé *Le Corsaire*. Le succès est si foudroyant que 10 000 exemplaires sont vendus le jour de la parution et l'ouvrage, réédité huit fois en très peu de temps, devient la "bible" des jeunes aristocrates anglais. Ainsi commence la légende des aventuriers de la mer qui, depuis deux siècles, n'a cessé de faire rêver les générations.

L'écrivain écossais Robert Louis Stevenson (1850-1894) est l'auteur de L'île au Trésor *(1883) et aussi de* L'étrange cas du Dr Jekill et de Mr Hyde *(1886).*

Le début d'un mythe

Dès les premières années du XIXe siècle, les corsaires et les pirates sont à la mode, alors que certains d'entre eux sont encore en vie. Le pirate américain Jean Laffite, qui disparaît en 1826, comme Robert Surcouf mort l'année suivante, sont entourés d'une légende de leur vivant.

Déjà, au XVIIe siècle, la publication des aventures d'Alexandre-Olivier Oexmelin, chirurgien chez les flibustiers (*voir p. 42-43*), suscite de l'intérêt et, en 1724, les récits de Daniel Defoe sur les pirates (*voir p. 58-59*) remportent un vif succès. La classe bourgeoise, enfermée dans une société morale et rigide, est en quête de livres exotiques où souffle le vent du large.

L'île au Trésor

Celui qui enflamme définitivement les imaginations est Robert Louis Stevenson. Son roman *L'Île au Trésor* pose les principaux éléments de la piraterie imaginaire : une jambe de bois et une chasse au trésor, un bateau et des mutins, un drapeau noir et un perroquet qui compte les pièces d'or à voix haute ! Long John Silver (*ci-contre*) crée le modèle du pirate, et le jeune Jim Hawkins, embarqué avec lui sur le navire *Hispaniola*, dénoue avec le courage et l'ingéniosité des vrais héros tous les pièges tendus par ce scélérat.

Septembre 1970
Trois avions de ligne, détournés par des pirates de l'air palestiniens, explosent sur l'aéroport de Zarka (Jordanie) après avoir évacué leurs passagers. Les détournements d'avion se multiplient. Ceux qui commettent ces actions terroristes sont alors nommés pirates de l'air.

1980
Au cours des années 1980, le mot piraterie glisse vers celui de piratage et les nouveaux pirates, qui naviguent sur le net, peuvent facilement paralyser les activités commerciales, voire l'économie tout entière, d'un pays ou même de la planète.

Le fameux crochet

Chez Peter Pan, le capitaine Crochet a ses deux jambes mais une seule main. La seconde a été coupée par Peter Pan lui-même et dévorée par les crocodiles ; elle est remplacée par un redoutable crochet de fer, dernier attribut indispensable à la panoplie du pirate. Publiées en 1902 par J. M. Barrie, leurs aventures sont très vite adaptées au théâtre, au cinéma, en comédie musicale, ou encore en dessin animé.

Les pirates font leur cinéma

Très tôt, les pirates grimpent sur la scène ou s'installent sur l'écran. Leurs aventures passent si bien en images ! Après les années du cinéma muet, c'est *Captain Blood*, en 1935, qui ouvre la longue série des films parlants sur la piraterie. Depuis, le succès des pirates ne faiblit pas. Bien des cinéastes ont réalisé leur version de ces bandits des mers, que le spectateur trouve si attrayants, parce que les coups d'épée du temps jadis ne font plus mal à personne.

ILS NE SONT PAS MORTS

Aujourd'hui, la recrudescence de la piraterie est alarmante. Dans le détroit de Malacca (entre la Malaisie et l'Indonésie), emprunté par des super cargos en direction du Japon et de la Chine, des pirates, à bord de petits bateaux de pêche, attaquent au fusil-mitrailleur, détournent les navires, prennent des otages contre rançon. Il ne s'agit pas de terroristes, ils ne cherchent aucun impact politique, mais seulement des richesses vite et facilement acquises. Cette piraterie semble difficile à vaincre car ce détroit est semé de milliers d'îles sur 800 km de long. En 2020, 80 % du pétrole du Moyen-Orient transitera par cet étroit passage.

Le cinéma s'en mêle… Ci-dessus les aventures de Peter et Wendy qui se situent dans un pays imaginaire, le pays de Nulle Part. Et ci-dessous Johnny Deep interprétant le capitaine pirate Jack Sparrow.

1989
De nombreuses associations, telles que le Chaos Computer Club (CCC) fondé à Berlin en 1981, menacent les rouages d'Internet. En 1989, le CCC pirate les ordinateurs du KGB et réussit à lui subtiliser 134 000 DM, qui sont rendus le lendemain.

2002
*L'*Adventure Galley*, coulé par le capitaine Kidd en 1698, est localisé devant l'île Sainte-Marie (Madagascar). Le* Queen's Anne Revenge *de Barbe Noire a été retrouvé en Caroline du Nord. Les recherches se poursuivent et les pirates continue de faire rêver.*

Lexique

Bordée
Sur un bateau, les membres de l'équipage sont partagés en deux groupes que l'on appelle bordées. Ainsi, quand une équipe est occupée, l'autre dort.

Bordés
Planches de la coque.

Compagnie des Indes occidentales
Il s'agit de sociétés financières et commerciales, françaises ou hollandaises, fondées au XVIIe siècle pour commercer avec l'Afrique et le Nouveau Monde. Il existe aussi une Compagnie des Indes orientales chargée de commercer avec l'Inde et la Chine.

Mouiller
En terme de marine, signifie ancrer.

Pièce de huit
Monnaie espagnole, appelée aussi piastre ou peso, qui pèse 28,7 g d'argent et sert à tous les échanges.

Index

D

E

F

G

H

S

T - U

V

W

Références iconographiques

1re de couverture : Ch. Jégou ; hg : O. Fertel ; hd : J.-L. Rotman/Corbis – 4e de couverture, hd : The Bridgeman Art Library ; bg : BBC – page de titre, hd : J.-L. Rotman/Corbis ; b : The Bridgeman Art Library – 3 : E. Lessing/Akg-images – 4 hg : Akg-images ; md : Namur-Lalance/SIPA ; bg : A. Fux/Musée national de la Marine, Paris – 5 hg : Musée national de la Marine, Paris ; md : Fototeca/Leemage ; bg : Akg-images – 6-7 : Selva/Leemage – 8 bg : H. Lewandowski/RMN ; hd : Akg-images – 9 h carte : M. Sinier ; b, dessin : S. Lefevre – 10 hd : Museo della Civilta Romana, Rome, Italy, Giraudon/ The Bridgeman Art Library ; b : The Art Archive/Biblioteca nazionale Marciana Venice/Dagli Orti/The Art Archive – 11 hd : Bibliothèque nationale de France ; bd : Bibliothèque nationale Madrid/Artephot/Oronoz – 12 : The Bridgeman Art Library – 13, hg carte : M. Sinier ; md : Akg-images ; bd : W. Forman/Corbis – 14-15, dessins : E. Leroux – 16-17, dessin : V. Dutrait – 18 : The Bridgeman Art Library – 19 mg, carte : M. Sinier ; hd : Bibliothèque nationale de France ; md : Electa/ Akg-images ; bd : D.R./RMN – 20-21, dessins : C. Espié – 22 : Musée national de la Marine, Paris – 23 : Roger-Viollet – 24 hg : M. Claye/JACANA/EYEDEA ; bd : Leemage – 25 h : musée du quai Branly, Paris/RMN ; bd : J. Boyer/Roger-Viollet – 26 hg, bg : Akg-images ; bd : GFDL – 27 : National maritime Museum, London – 28 : Namur-Lalance/SIPA – 29 hd : Musée national de la Marine, Paris ; bd : The Granger collection NYC/Rue des Archives – 30-31, dessins et carte : L. Favreau – 32 h : J.-L. Rotman/Corbis ; b : M. Newman/AGE FOTOSTOCK/HOA QUI – 33 hg : P. Dantec/Musée national de la Marine, Paris ; mg : Selva/Leemage ; md : The Bridgeman Art Library ; bd : J.-L. Rotman/Corbis – 34 hd : Bibliothèque nationale de France ; bg : Akg-images – 35 hg : Bibl. Amiens Métropole/Akg-images ; b : P. Dantec/Musée national de la Marine, Paris – 36 hd : Costa/Leemage ; bg : GFDL – 37 hg : A. Fux/Musée national de la Marine, Paris; hd : BBC ; bd : Selva/Leemage – 38 : G. Blot/RMN – 39, dessins : S. Lefevre – 40-41, dessin : Ch. Jégou – 42 hd : A. Fux/Musée national de la Marine, Paris ; bg : American Illustrators Gallery, NYC/The Bridgeman Art Library – 43 hg et m : A. Fux/Musée national de la Marine Paris ; bg : Mary Evans/Rue des Archives ; g : BBC – 44-45, dessin : C. Espié – 46 : B. Monheim/ Akg-images – 47 hd : Bibliothèque nationale de France ; bd, carte : M. Sinier – 48 h : R. T. Nowitz/Corbis ; bg et bd : Animals- Animals/SUNSET ; bd : Horizon vision/SUNSET – 49 hg : Rex Interstock/SUNSET ; hd : D. Bringard/SUNSET ; b : P. Souders/Corbis – 50 hg : The Bridgeman Art Library – 50-51 : G. Alaux/Musée national de la Marine, Paris/ADAGP – 52 bg : J. Hekimian/Corbis Sygma ; bc : Bibliothèque nationale de France ; bd : Historical Picture Archive/Corbis – 53 hd : The Art Archive/Private collection, Paris/Dagli Orti/ The Art Archive ; mg : Bibliothèque nationale de France ; m : G. Blot/ RMN – 54 : Mary Evans/Rue des Archives – 55 hg : Private Collection, Peter Newark Historical Pictures/The Bridgeman Art Library ; bg : CDA/Guillemot/Akg-images ; d : BBC – 56-57, dessin : O. Fertel – 58 hg : BBC ; bd : Costa/Leemage – 59 hd, dessin : C. Espié ; bg, carte : M. Sinier – 60 hd : BBC ; b : G. Alaux/P. Dantec/Musée de la Marine, Paris/ADAGP – 61 hd : Fototeca/Leemage ; bg et bd : British Library/Akg-images – 62 hg : Heritage images/Leemage ; m : BBC ; bd : Mary Evans/Keystone-France/EYEDEA – 63 hd : National Library of Australia, Canberra, Australia/The Bridgeman Art Library ; bg : Corbis – 64-65 : Marooned de Howard Pyle, Delaware Art Museum, Wilmington, USA/The Bridgeman Art Library ; hg : Roger-Viollet – 66 hd : Mary Evans/EYEDEA ; b : Sotheby's/Akg-images ; 67 md : Akg/images ; bg : The Art Archive – 68 hd : Musée d'Histoire de la Ville, Saint-Malo, France/The Bridgeman Art Library ; bg : Akg-images ; 69 bg et bd : Private Collection/The Bridgeman Art Library – 70 hd : Private Collection/The Bridgeman Art Library ; b : The Granger collection NYC/Rue des Archives – 71 d : Atwater Kent Museum, Philadelphia/ The Bridgeman Art Library ; b : Historical Picture Archive/CORBIS – 72-73 : Ch. Jégou – 74 hg : Culver Pictures/The Art Archive ; bd : E. Lessing/Akg-images – 75 hg : Walt Disney Productions/album/Akg-images ; md : Hernandez Andy/Nicolas José/SIPA ; bd : Lilo/SIPA.

Fond de la frise : R. T. Nowitz/Corbis.

Les pictogrammes illustrant la frise ont été dessinés par Nicolas Julo.

VOIR LES ANIMAUX

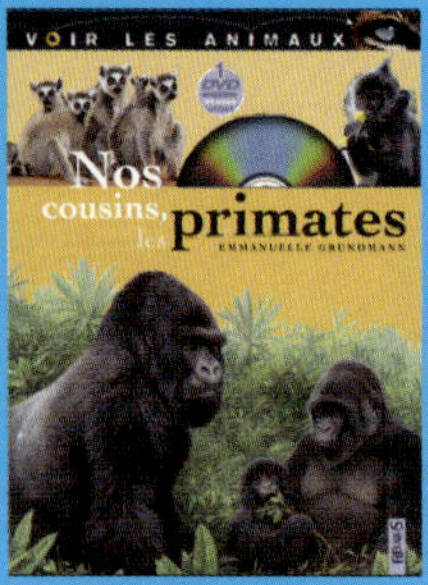

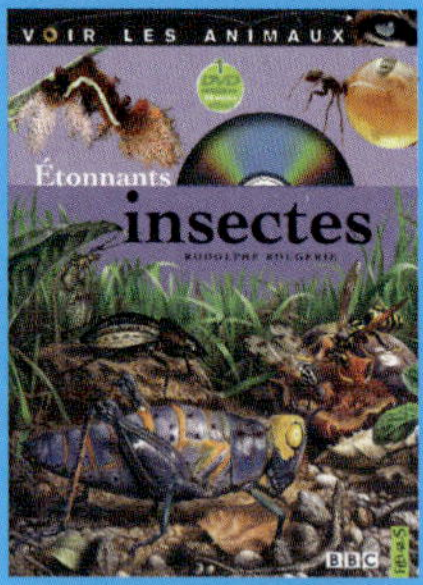

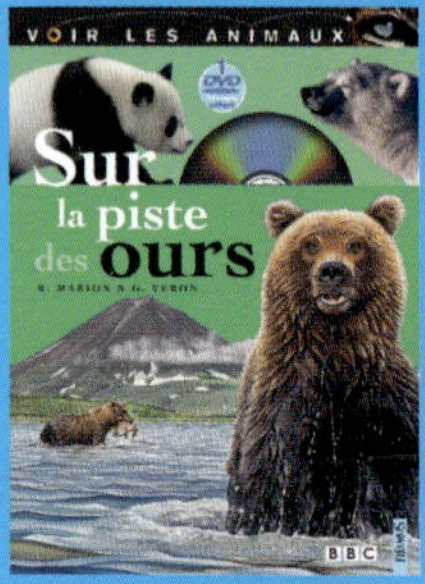

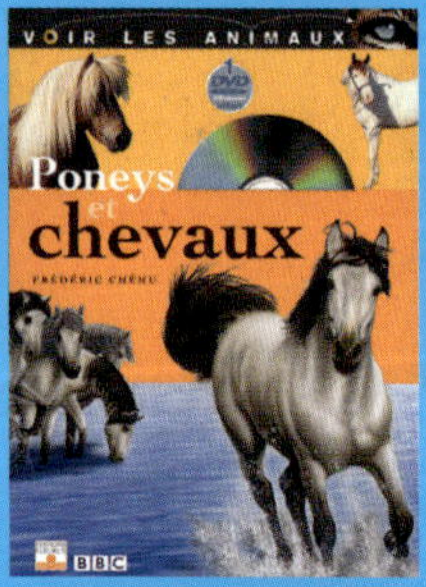

VOIR L'HISTOIRE

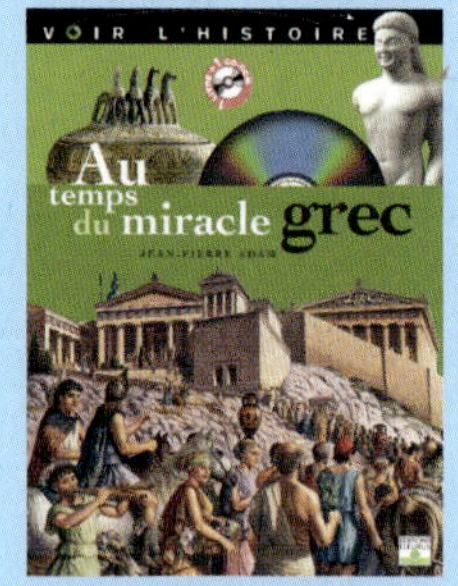

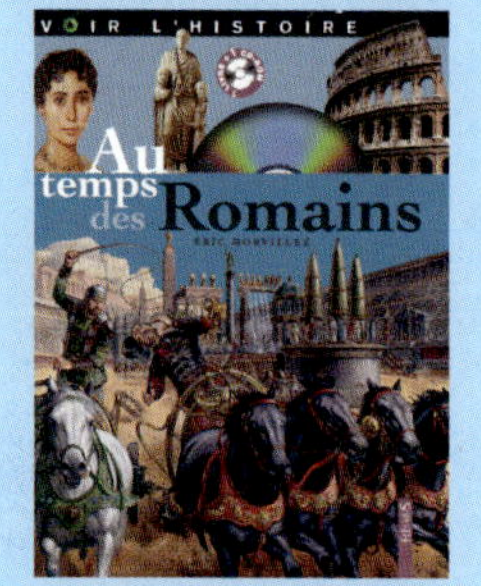

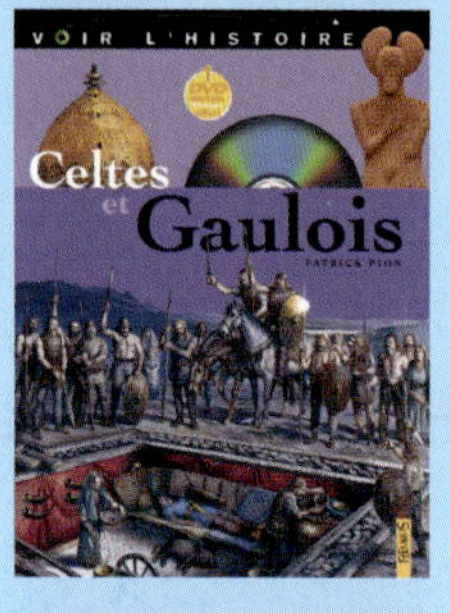

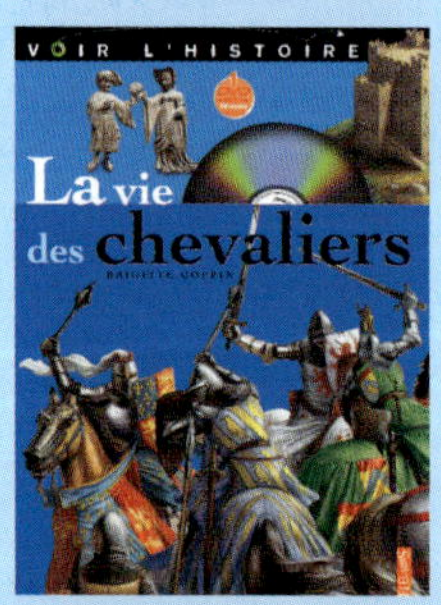

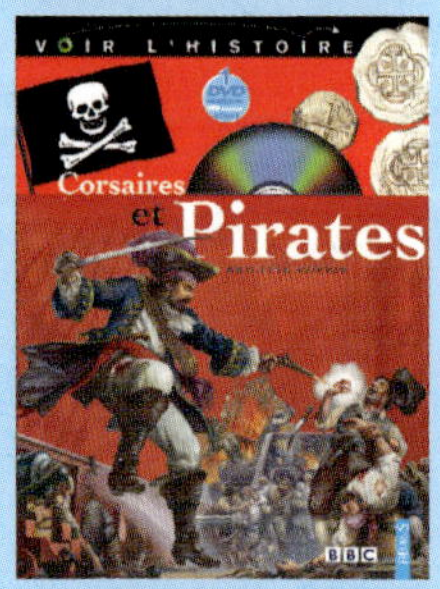